글로벌 AI 거버넌스와 한국

AI문고

인공지능 시대입니다. 기계가 인간의 인지를 대신하고, 사물이 인간을 통하지 않고 다른 사물과 직접 커뮤니케이션합니다. 이에 따른 인간 삶과 문명 변화를 정확히 이해·예측·대응하는 것은 이 시대 우리 모두의 과제입니다. AI문고는 인공지능 기술과 환경의 여러 주제를 10가지 키워드로 정리합니다. 관련 개념과 이론, 학계와 산업계의 쟁점, 우리 일상의 변화를 다룹니다. 인간과 기술의 현재, 미래를 세심히 분석합니다.

일러두기

- 이 책의 내용은 저자 개인의 연구와 의견에 기반한 것이며, 소속 기관의 입장이나 정책을 대변하지 않습니다.
- 이 책에서는 광범위한 기술 분야나 일반 개념을 지칭할 때는 'AI', 특정 규제 대상이나 실제 구현된 제품 등 구체적인 대상을 가리킬 때는 'AI 시스템'이라는 용어를 사용하려 했으나 문맥에 따라 두 용어가 일부 혼용된 부분도 있습니다.
- 인명, 작품명, 저서명, 개념어 등은 한글과 함께 괄호 안에 해당 국가의 원어를 병기했습니다.
- 외래어 표기는 현행 어문규정의 외래어표기법을 따랐습니다. 다만 '딥페이크', '브릭스' 등은 관행을 따랐습니다.

처음이세요?

전문가세요?

글로벌 AI 거버넌스와 한국

김명신

대한민국, 서울, 커뮤니케이션북스, 2025

글로벌 AI 거버넌스와 한국

지은이 김명신
펴낸이 박영률

초판 1쇄 펴낸날 2025년 4월 17일

커뮤니케이션북스(주)
출판 등록 2007년 8월 17일 제313-2007-000166호
02880 서울시 성북구 성북로 5-11
전화(02) 7474 001, 팩스(02) 736 5047
commbooks@commbooks.com
www.commbooks.com

ISBN 979-11-7307-882-8 03500

책값은 뒤표지에 표시되어 있습니다.

차례

국제 질서를 재편하는 AI

인공지능(AI)은 이제 한 나라의 경쟁력과 국제적 영향력을 결정하는 핵심 요소가 되었다. 20세기 냉전 시대에 핵무기 개발과 우주 경쟁이 글로벌 패권을 상징했다면, 21세기에는 AI가 새로운 세계 질서의 중심축으로 자리잡고 있다. AI는 단순히 기업의 생산성을 높이거나 일상의 편의성을 증진하는 도구를 넘어, 국가 간 힘의 역학관계를 재편하고 있다.

특히 최근의 AI 발전은 이러한 변화를 가속화하고 있다. 생성형 AI는 지식의 생산과 유통 방식을 근본적으로 바꾸고 있으며, AI 에이전트는 한 걸음 더 나아가 자율적 의사 결정과 실행이라는 새로운 차원의 변화를 예고하고 있다. 텍스트와 이미지를 생성하는 수준을 넘어 스스로 판단하고 행동하는 AI의 등장은 산업 구조와 노동 시장, 나아가 국가 간 경쟁력의 판도를 완전히 바꾸게 될 것이다. 이처럼 AI 기술의 진화는 글로벌 패권 경쟁의 새로운 장을 열며, 국제 질서의 재편을 가속화하고 있다.

인류 역사에서 기술 혁신은 각기 다른 수준의 사회적

변화를 가져왔다. 타자기가 문서 작성 방식을 바꾸고 계산기가 수작업 계산을 대체했다면, 증기 기관과 전기는 사회 구조 전반을 뒤바꾸는 범용기술(GPT, General Purpose Technology)이었다. AI는 이러한 범용기술의 특성을 넘어서는 파괴적 혁신을 보여 주고 있다. 불과 10년 전만 해도 단순한 이미지 인식 기능조차 완벽하지 않았던 AI는 이제 인간의 능력을 뛰어넘어 지식을 재구성하고, 사회 시스템을 재편하는 수준에 이르렀다. 더욱 주목할 점은, 산업 혁명이 수 세대에 걸쳐 진행된 것과 달리 AI가 가져올 변화는 한 세대 안에 압축적으로 전개될 것으로 예측된다는 점이다.

이러한 AI의 발전은 필연적으로 새로운 형태의 글로벌 질서를 만들어 내고 있다. AI 기술은 승자 독식 경향을 보이며 데이터와 인재의 집중화를 통해 국가 간, 기업 간 격차를 더욱 벌리고 있다. AI 역량이 기하급수적으로 확장되는 상황에서 이는 단순한 기술 패권을 넘어 새로운 규범과 질서를 형성하는 핵심 동력이 되고 있으며, 이러한 변화는 글로벌 거버넌스의 새로운 패러다임을 요구하고 있다.

글로벌 AI 거버넌스의 필요성

AI는 인류에게 전례 없는 혁신의 기회를 제공하고 있다. 의료 분야에서 AI는 지난 수십 년간 해결하지 못했던 단백질 구조 예측 문제를 해결했으며, 방대한 기후 데이터를 분석하여 기후 변화 대응을 위한 새로운 해법을 제시하고 있다. 뿐만 아니라 과학 연구와 교육 분야에서도 AI는 인간의 인지적 한계를 뛰어넘어 새로운 가능성을 열어 가고 있다.

하지만 AI가 제기하는 도전과 위험은 개별 국가의 대응 범위를 크게 넘어선다. 마치 자연환경의 무분별한 개발이 전 지구적 기후 위기를 초래했듯, 디지털 환경에서 AI의 통제되지 않은 발전은 예측하기 어려운 위험을 초래할 수 있다. 챗지피티(ChatGPT) 서비스 출시 후 불과 5일 만에 전 세계 100만 명의 사용자를 확보한 현상은 AI 기술의 파급력이 얼마나 즉각적이고 광범위하게 영향을 미칠 수 있는지 단적으로 보여 준다.

더욱 심각한 문제는 AI가 초래할 수 있는 구조적 불평등이다. 방대한 데이터와 강력한 컴퓨팅 파워를 보유한 소수의 기업과 국가가 기술 발전을 주도하면서, 글로벌 차원의 격차가 더욱 심화되고 있기 때문이다. 특히 AI 자동화로 인한 저임금 일자리 감소는 개발도상국의 산업화 경로를 차단할 수 있으며, 데이터와 인재 유출 현상은 이러한 불평등을 고착화시킬 위험이 있다.

이러한 위험 중에서도 가장 경계해야 할 것은 AI가 초래할 수 있는 실존적 위협이다. 특히 인간의 개입 없이 표적을 식별하고 공격할 수 있는 치명적 자율무기체계의 개발과 활용은 전통적인 안보 개념을 근본적으로 뒤흔들고 있으며, AI 기술을 활용한 사이버 해킹과 정교한 사회 여론 조작, 딥페이크 기술을 활용한 허위 정보 및 음란물 제작 · 유포 등은 인권 침해를 넘어 민주주의의 근간을 위협하는 수준에 이르고 있다. 이러한 위협들은 더 이상 이론적 가능성이 아닌 현실적 도전으로 다가오고 있으며, AI 기술이 악용될 경우 그 파급력은 걷잡을 수 없을 것이다.

이처럼 AI가 초래하는 기회와 위험의 전 지구적 성격을 고려할 때, 글로벌 AI 거버넌스 구축은 더 이상 미룰 수 없는 과제가 되었다. 개별 국가나 기업의 대응만으로는 AI가 제기하는 도전과 위험에 충분히 대응할 수 없기 때문이다. 국제 사회는 이미 핵무기나 기후 변화와 같은 글로벌 위험에 대응하기 위한 거버넌스 체계를 발전시켜 왔으며, 이러한 경험은 AI 거버넌스 구축에 중요한 교훈을 제공할 수 있다. 그러나 AI 기술의 전례 없는 발전 속도와 이중 용도적 특성, 민간 부문의 주도적 역할 등을 고려할 때 기존 글로벌 거버넌스 모델과는 다른 차별화된 접근이 필요하다. 특히 AI로 인한 실존적 위협과 선진국과 개발도상국 간의 격차, 빅테크 기업의 독점적 지위, AI 기술의 개발과 확산 과정에서 의도치 않게 부정적 영향을 받는 다양한 이해관계자들에 대한 보호 등 AI가 제기하는 다층적 도전 과제를 해결하기 위해서 보다 포괄적이고 실효성 있는 글로벌 거버넌스 체계 구축이 시급하다.

AI 거버넌스의 의미

AI 거버넌스에 대한 본격적인 논의를 시작하기에 앞서, 이 개념의 의미를 명확히 할 필요가 있다. AI 거버넌스는 급속한 기술 발전과 그 파급 효과의 복잡성으로 인해 아직 보편적으로 확립된 정의가 존재하지 않는다. 일부 학술적 논의에서는 AI 시스템의 안전성과 책임성 확보를 위한 정부 규제의 관점에서 접근하고 있으며, 다른 한편에서는 기술 혁신의 핵심 주체인 기업의 자율규제 측면을 강조하고 있기도 하다. 이러한 접근은 각각의 관점에서 중요한 시사점을 제공하지만, AI 거버넌스가 지닌 다면적 특성을 포괄하지 못한다는 한계를 가진다.

이러한 한계를 극복하기 위하여 이 책은 AI 거버넌스를 AI 기술의 개발과 활용 전반이 윤리적 원칙과 법적 기준, 사회적 가치와 조화를 이루도록 보장하는 규칙, 관행, 프로세스의 총체적 체계를 의미하는 것으로 정의하고자 한다. 여기에는 정부의 규제와 법률, 기업의 자율규제, 국제기구의 가이드라인, 시민사회의 권고 등이 포함될 수 있을 것이다. 이러한 포괄적 접근은 AI가 제기하는 윤리적, 사회적, 기술적 도전 과제를 체계적이고 종합적으로 분석하는 데 기여할 수 있을 것이다.

AI 거버넌스, 통합적 분석의 필요성

AI 거버넌스는 지난 10년간 급속한 진화를 거듭해 왔다. 초기에는 윤리 원칙과 잠재적 위험에 대한 개념적 논의가 중심이었으나, 점차 구체적인 정책과 규제 체계의 수립으로 발전해 왔다. 2018년 글로벌 빅테크 기업들의 AI 윤리 원칙 발표를 시작으로, 2019년 경제협력개발기구(OECD)와 2021년 유네스코(UNESCO) 등 국제기구가 AI 원칙을 수립했고 현재는 약 70여 개 국가가 자국의 AI 전략을 발표하며 실질적인 정책 수립과 법제화 논의가 이루어지고 있다.

한편 생성형 AI의 등장은 AI 거버넌스 논의의 새로운 전환점이 되었다. 단순한 윤리 원칙 수립만으로는 생성형 AI의 잠재적 위험을 효과적으로 통제하기 어렵다는 인식이 확산되면서, 각국은 보다 구체적인 대응책을 마련하기 위해 노력하고 있다. 특히 AI 서비스가 국경을 초월하여 제공되는 현실을 고려할 때, AI의 잠재적 위험에 효과적으로 대응하기 위해서는 글로벌 차원의 협력이 불가피하다는 공감대가 형성되고 있다. 그러나 이러한 위험을 누가 어떤 기준과 방식으로 관리해야 할지에 대한 국제적 합의는 요원한 상황이다.

지금까지 글로벌 AI 거버넌스 연구는 주로 미국, 유럽연합(EU), 중국 등 주요 AI 강국의 규제 접근 방식 비교에 초점을 맞춰 왔다. 하지만 이러한 소수 주요 국가 중심의 분석은 글로벌 AI 거버넌스 생태계의 복잡한 현실을 온전히 포착하지 못한다는 한계가 있다. AI 기술을 개발하는 기업의 자율규제 노력, 시민사회의 감시와 견제 기능, 유엔(UN)을 비롯한 국제기구의 조정자 역할 등 비국가 행위자들의 중요성이 나날이 커지고 있기 때문이다.

이러한 맥락에서 이 책은 글로벌 AI 거버넌스를 보다 포괄적인 관점에서 분석하고자 한다. 선진국과 중견국, 개발도상국을 아우르는 주요 국가 및 지역의 접근 방식과 함께 국제기구, 기업, 시민사회의 거버넌스 형성 과정과 그 특징을 종합적으로 살펴봄으로써, 현재 분절적으로 진행되고 있는 AI 거버넌스 논의를 통합적 관점에서 재구성하고, 글로벌 AI 거버넌스의 미래 방향을 전망해 보고자 한다.

글로벌 AI 거버넌스의 핵심 주체들

글로벌 AI 거버넌스 논의는 다양한 행위자들의 이해관계와 권력 관계가 복잡하게 얽혀 있다. 이러한 복잡성과 다면성을 체계적으로 분석하기 위해, 이 책은 세 가지 기준에 따라 분석 대상을 선정했다. 첫째, AI 기술 주도권과 규제 프레임워크 및 글로벌 거버넌스 담론 형성에 비중 있는 영향력을 지닌 주요 국가 및 지역, 둘째, 글로벌 거버넌스 통합 논의를 주도하고 있는 다자 기구, 셋째, 혁신과 견제의 균형을 대표하는 민간 부문이 그것이다.

주요 국가 및 지역 차원에서는 미국, EU, 중국, 한국, 아프리카를 분석 대상으로 선정했다. 미국과 중국은 2019년 이후 글로벌 AI 지수(Global AI Index)에서 지속적으로 1, 2위를 차지하며 기술 패권 경쟁을 주도하고 있고, EU는 세계 최초로 포괄적이고 구속력 있는 「AI법」을 제정함으로써 규제의 새로운 패러다임을 제시했다는 점에서 주목할 만하다. 특히 이들은 각자의 정치 경제적 맥락을 반영한 차별화된 거버넌스 접근법을 발전시켜 왔다. EU가 엄격한 규제를 통한 인권과 가치 보호를 강조한다면, 미국은 민간의 자율과 혁신을 강조하고 있다. 한편 중국은 국가 주도의 발전 전략과 자국의 가치 체계에 부합하는 규제 체계를 구축하며 독자적인 길을 걸어가고 있다. 이러한 흐름 속에서 한국은 EU에 이어 세계에서 두 번째로 포괄적인 「AI기본법」을 도입하며 혁신과 신뢰의 균형적 접근을 시도하고 있으며, 아프리카는 개발도상국의 관점에서 AI 격차 해소와 포용적 발전의 필요성을 제기하며 새로운 담론을 형성해 나가고 있다.

다자 기구 차원에서는 UN과 국제기구 및 AI 정상회의를 중심으로 살펴볼 것이다. UN 산하 기구와 OECD 등은 국제 사회에 AI 거버넌스의 공통 기준을 제시함으로써 파편화된 거버넌스를 통합하는 구심점 역할을 수행하고 있다. 또한 2023년부터 시작된 AI 정상회의는 불과 1년 여 만에 10개국 이상의 AI 안전연구소(AISI, AI Safety Institute) 설립을 이끌어 내며 글로벌 거버넌스 제도화에 기여하고 있다는 점에서 관심을 갖고 살펴볼 필요가 있다.

민간 부문 분석은 기업과 시민사회에 초점을 맞추고자 한다. 기업 분석에서는 다양한 산업군의 기업을 살펴보기보다 글로벌 AI 거버넌스 형성에 직접적인 영향을 미치는 AI 기업을 중심으로 살펴볼 것이다. 오픈AI, 구글, 마이크로소프트와 같은 글로벌 기업은 혁신적인 기술 개발과 선도적인 자율규제 실천을 통해 글로벌 AI 거버넌스 수립의 방향성에 중요한 영향을 미치고 있기 때문이다. 이러한 기업들의 움직임에 대응하여 시민사회는 AI 기술의 윤리적 개발과 활용 및 인권 보호를 위한 감시자이자 대안적 담론의 생산자로서 거버넌스의 균형추 역할을 수행하고 있다는 점에서, 이들의 상호작용은 AI 거버넌스 발전 방향을 이해하는 데 핵심적인 요소라고 할 수 있다.

이 책에서는 지면 제약으로 인해 분석 대상을 상기한 주요 행위자들로 한정했다. 물론 글로벌 AI 거버넌스를 보다 정확하게 이해하려면 더 많은 국가와 기관의 역할을 살펴볼 필요가 있다. 그러나 이 책에서 다루는 주요 행위자들은 현재 글로벌 AI 거버넌스 논의의 핵심 주체로, 이들의 거버넌스 특징과 상호작용, 역학 관계 등을 종합적으로 분석한다면 글로벌 AI 거버넌스의 현재를 이해하고 미래의 진화 방향을 예측하는 데 의미 있는 시사점을 얻을 수 있을 것이다.

어떻게 분석할 것인가

이 책은 주요 분석 대상인 AI 거버넌스를 '거시-제도적 차원(macro-institutional perspective)'에서 분석할 것이다. 다시 말해 각국과 주요 행위자들의 세부 정책을 미시적으로 분석하기보다 AI 거버넌스의 거시적 흐름과 그 속에서 발견되는 일관된 패턴을 포착하는 데 중점을 두고자 한다. 이는 급변하는 AI 기술과 그에 따른 거버넌스 진화 속에서 변화와 지속의 본질을 이해하고 미래 방향성을 예측하기 위한 방법론적 선택이다.

구체적으로는 해석학적 접근을 취한다고 할 수 있다. AI 거버넌스라는 텍스트(정책과 제도 등)를 콘텍스트(기술의 발전 단계, 국제 관계의 역학, 사회적 요구) 속에서 해석하고, 다시 이러한 해석을 통해 텍스트와 콘텍스트에 대한 이해를 심화하는 순환적 접근을 시도하고자 하는 것이다. 이는 AI 거버넌스가 자연 발생적 현상이 아닌 복잡한 정치적, 사회적, 기술적, 국제적 맥락에서 형성되는 구성물이기 때문이다.

이러한 분석을 위해 이 책은 2016년부터 2025년까지 지난 10년간 주요 행위자들의 AI 정책과 법제화 과정, 실행 사례 및 기존의 연구 문헌과 보고서를 기초 자료로 활용할 것이다. 그러나 이들 자료를 단순히 나열하는 데 그

치지 않고, 각 행위자의 정책적 선택과 변화 이면에 있는 구조적 동인을 파악하는 데 주력할 것이다. 특히 AI 기술의 발전 단계, 국제 관계의 변화, 사회 요구의 진화 등 거시적 변수가 AI 거버넌스 형성과 변화에 어떤 영향을 미치는지 살펴보고자 한다.

이러한 접근은 각국의 개별적 정책이나 제도의 차이를 넘어서, AI 거버넌스의 진화를 추동하는 근본적 동력을 이해하고 향후 전개될 변화의 방향과 가능성을 예측하는 데 도움을 줄 것이다. 또한 현재 거버넌스 체계의 한계를 파악함으로써 이를 극복하기 위한 새로운 거버넌스 모델 출현 가능성에 대한 전망을 제시하고, 한국이 나아가야 할 방향에 대한 시사점을 도출하는 데 기여할 수 있을 것이다.

글로벌 AI 거버넌스, 우리의 선택

AI가 미래 국가 경쟁력을 좌우할 핵심 전략 자산으로 부상하면서, 미국과 중국을 비롯한 강대국은 규제보다는 진흥에 초점을 맞춰 기술 패권 확보에 몰두하고 있다. 그러나 "두 마리의 코끼리가 싸울 때 고통 받는 것은 풀밭이다"라는 아프리카 속담처럼, AI 기술 패권을 둘러싼 강대국의 경쟁이 심화되고 글로벌 거버넌스 수립이 지연될수록, 급속도로 발전하는 AI의 잠재적 위험에 일반 시민들이 노출될 가능성은 커질 수밖에 없다.

국제 관계와 기술 발전의 변화, 그리고 AI가 야기하는 새로운 위험의 등장에 따라 규제와 진흥 사이의 균형점은 바다의 밀물과 썰물처럼 앞으로도 계속해서 변화할 것이다. 그러나 이러한 단기적인 변화 흐름에도 불구하고, 중장기적 관점에서 AI의 광범위한 영향력을 효과적으로 관리하기 위한 글로벌 거버넌스 체계의 구축은 필연적이다. 인류는 새로운 기술 출현과 함께 그것을 관리하고 통제하기 위한 제도적 장치를 발전시켜 왔으며, AI 역시 예외가 될 수 없다.

한국은 급변하는 글로벌 AI 거버넌스 논의 과정에서 각국의 전략적 움직임을 면밀히 분석하고 대응하며 국익을 수호해야 한다. 더 나아가 AI를 패권 경쟁의 도구가 아닌, 인류의 난제를 해결하는 협력의 매개체로 활용함으로써 국제 사회에서 우리 영향력을 확대해야 한다. 이는 결코 쉽지 않은 도전이지만, 변화를 만들어 가는 과정에서 무엇보다 필요한 것은 변화가 가능하다는 희망과 신념, 그리고 이를 실현할 수 있는 전략이다.

AI는 시키는 일은 잘 해내지만 스스로 고민하지는 않는다. 고민하고 선택하는 것은 인간만이 가진 자유 의지

이며, 바로 이것이 우리가 AI 시대를 올바른 방향으로 이끌어 갈 수 있는 근본적인 힘이다. 지금 우리가 해야 할 일은 AI가 제기하는 도전을 우리 공동의 미래를 재설계하는 촉매제로 삼고, 이 역사적 기회를 현명하게 활용하는 것이다. 우리의 미래를 위해, 그리고 우리 다음 세대를 위해 결코 이 기회를 놓쳐서는 안 된다.

참고문헌

강상중(2009). 『고민하는 힘』. 사계절.

신영복(2004). 『강의』. 돌베개.

이필렬(2004). 『과학, 우리 시대의 교양』. 세종서적.

Bullock, J. B., et al.(Eds.)(2024). *The oxford handbook of AI governance*. Oxford University Press.

Cloete, F.(2024). Governing artificial intelligence(AI) and other technologies in the digital era. *Administratio publica*, 32(1), 1-30.

Erman, E. & Furendal, M.(2024). Artificial intelligence and the political legitimacy of global governance. *Political studies*, 72(2), 421-441.

HAI Institute(2024). *HAI index 2024*. Stanford, CA: HAI Institute Press.

Kim, M. S.(2024). Paying attention to AI ethics－An avenue for a new competitive edge in business. *SangSaeng*, no. 62, UNESCO Asia-Pacific Centre of Education for International Understanding, pp. 12-15.

Kissinger, H. A., et al.(2022). *The age of AI*. John Murray Press.

김고명 옮김(2023). 『AI 이후의 세계』. 윌북.
Krishna, V. V.(2023). AI and contemporary challenges: The good, bad and the scary. *Journal of open innovation: technology, market, and complexity*, 10(1).
Lee, K.-F.(2018). *AI superpowers: China, silicon valley, and the new world order*. Houghton Mifflin. 박세정, 조성숙 옮김(2019). 『AI 슈퍼파워: 중국, 실리콘밸리 그리고 새로운 세계질서』. 이콘.
Maarten, G. & Maria, S.(2024). The governance of artificial intelligence: Harnessing opportunities and mitigating challenges. *Research policy*, 53(3).
Maas, M. M.(2023). *Advanced AI governance: A literature review of problems, options, and proposals. AI foundations report 4*, Institute for Law & AI.
Neuwirth, R. J.(2024). The global institutional governance of AI: A four-dimensional perspective. *International journal of digital law and governance*, 1(1), 113-153.
Ocasio, W.(2023). Institutions and their social construction: A cross-level perspective. *Organization theory*, 4(3).
Park, D. H., et al.(2024). A tough balancing act: The evolving AI governance in Korea. *East asian science, technology and society: an international journal*, 18(2), 135-154.
Roberts, H., et al.(2024). Global AI governance: Barriers and pathways forward. *International affairs*, 100(3), 1275-1286.
Rudd, K.(2022). *The avoidable war*. World Poetry Books. 김아영 옮김(2023). 『피할 수 있는 전쟁』. 글항아리.
Susskind, D.(2021). *A world without work: Technology, automation, and how we should respond*. Picador USA. 김정아 옮김(2020). 『노동의 시대는 끝났다』. 와이즈베리.

Tallberg, J., et al.(2024). AI regulation in the european union: Examining non-state actor preferences. *Business and politics*, 26(2), 218-239.

Tortoise Media(2024). Global AI. Tortoise Intelligence, https://www.tortoisemedia.com/intelligence/global-ai

Veale, M., et al.(2023). AI and global governance: Modalities, rationales, tensions. *Annual review of law and social science*, 19, 255-275.

01
미국, 혁신지향 자율규제

미국의 AI 거버넌스는 직접적인 정부 규제보다는 기업 자율성과 혁신을 우선시하는 기조를 유지해 왔다. 특히 트럼프 행정부는 이전 정부의 규제를 완화하고 대규모 민간 투자 계획을 발표하는 등 기술 패권을 강화하기 위한 정책을 추진하고 있다. 그러나 연방 차원의 통합된 거버넌스 부재와 글로벌 거버넌스 논의에서의 소극적 참여는 향후 개선해야 할 과제로 지적되고 있다.

AI와 1인 창업?

미국 AI 거버넌스의 키워드: 자율과 혁신

미국은 현재 AI 분야에서 세계 1위의 압도적인 경쟁력을 보유하고 있다. 이러한 우위는 20세기 초 냉전 시기부터 끊임없이 이어져 온 과학 기술 육성 정책의 결과물이라고 할 수 있다. 당시 미국은 최첨단 과학 기술 연구 개발에 대규모 투자를 단행했고, 이후 매사추세츠공과대학(MIT)과 스탠퍼드 등 주요 대학의 컴퓨터 과학 연구 역량이 실리콘밸리의 혁신 생태계와 결합하면서 오늘날 AI 기술 발전의 토대를 마련했다.

그 결과 오픈AI와 구글과 같은 미국 기업들은 혁신적인 첨단 AI 모델 개발을 주도하고 있으며, 전 세계 최고 AI 연구자의 50% 이상이 미국에서 활동하는 등 인재 풀에서도 독보적인 우위를 점하고 있다. 여기에 실리콘밸리의 풍부한 벤처캐피털과 엔비디아로 대표되는 GPU 등 핵심 하드웨어 기술까지 갖추면서, 미국은 AI 분야에서 종합적인 경쟁력을 갖게 되었다.

미국의 AI 거버넌스는 표면적으로는 신뢰할 수 있고 책임감 있는 혁신을 강조하지만, 실제로는 기업의 자율성과 기술 혁신을 우선시해 왔다. 이러한 기조는 공화당과 민주당의 정권 교체에도 불구하고 일관되게 유지되었으며, 정부는 AI 안전과 윤리에 관한 기본적인 가이드라인만 제시하고 구체적인 이행은 기업의 자율에 맡기는 방식을 택해 왔다. 이는 EU가 「AI법」을 통해 강력한 법적 규제를 도입하거나 중국이 정부 주도의 핀셋규제 정책을 펼치는 것과 대조적인 접근이라고 할 수 있다. 이처럼 기업의 자율성을 중시하는 미국 AI 거버넌스는 개인의 자유를 최우선 가치로 여기는 미국의 정치 문화적 전통이 반영된 것으로, 미국 기업들이 AI 기술 개발에서 혁신적이고 도전적인 시도를 가능하게 하는 제도적 기반이 되었다.

미국 AI 거버넌스의 변화와 지속

미국의 AI 정책은 2016년 오바마 행정부 『AI의 미래를 준비하다』 보고서를 시작으로 본격화되었다. 이후 트럼프 1기 행정부는 2019년 'AI 리더십 유지를 위한 행정 명령', 2020년 '신뢰할 수 있는 AI 사용 촉진 행정 명령'을 발표했고, 이듬해에는 국가 차원의 AI 전략을 담은 「국가AI구상법」을 제정했다. 바이든 행정부는 2022년 「AI 훈련법」과 「AI진흥법」 제정, 'AI 권리장전' 발표를 통해 AI 정책을 확대했다. 2023년에는 'AI 안전성에 관한 행정 명령'을 통해 AI 위험관리와 안전성 확보를 강조했으며, 국립표준기술연구소의 'AI 위험관리 프레임워크' 발표로 구체적인 실행 방안을 제시하기도 했다.

2025년 1월 트럼프 대통령 재취임과 함께 미국 AI 거버넌스는 새로운 전환점을 맞이했다. 트럼프 대통령은 취임 직후 바이든 행정부의 AI 안정성 행정 명령을 폐기하고 민간 주도의 혁신을 강조하는 정책으로 선회했다. 이는 기업의 자율성과 기술 혁신을 극대화하는 방향으로의 전환을 의미한다.

이러한 정책적 변화에도 불구하고 '민간 주도의 혁신'과 '미국의 글로벌 리더십 유지'라는 두 가지 기조는 변함없이 유지되었다. 다만 AI 기술의 급속한 발전과 그 잠재적 위험성에 대한 인식이 확대되면서, AI 규제를 강화하려는 움직임도 나타나고 있다. 연방 차원에서는 상하원에 다수의 AI 관련 법안이 계류 중이며, 주 정부들도 독자적인 AI 법률을 도입하기 시작했다. 그러나 이러한 규제 움직임은 EU와 비교할 때 상대적으로 약한 수준이며, 대부분 강력한 제재 규정도 없어 실질적으로는 기업의 자율성을 존중하는 기조가 이어지고 있다고 할 수 있다.

트럼프의 AI 거버넌스: 기술 패권 강화

트럼프 2기 행정부는 미국의 기술 패권 강화 의지를 더욱 선명하게 드러냈다. 2025년 1월 20일, 트럼프 대통령은 AI 모델의 결함 및 편향성 점검, 안전성 테스트 결과 보고 의무 등을 규정한 바이든 행정부의 'AI 안전성에 관한 행정 명령'을 전격 폐기했다. 이어 1월 23일에는 '미국의 AI 리더십에 대한 장애물 제거 행정 명령'을 새롭게 발표했다. 이 행정 명령은 백악관 참모에게 미국의 AI 경쟁력 강화를 위한 AI 행동 계획(Action Plan)을 180일 이내에 수립하도록 지시하고, 각 정부 부처가 미국 AI 혁신에 장애물이 되는 AI 정책과 지침을 제거하도록 요구하는 내용을 담고 있다.

트럼프 AI 정책의 핵심은 정부 규제 최소화를 통한 민간 혁신 촉진이다. 미국 AI 기업의 기술적 우위를 유지하기 위해서는 기업이 규제에 구애받지 않고 자유롭게 실험하고 혁신할 수 있는 환경이 필수라고 판단한 것이다. 이를 실현하기 위해 트럼프는 기술 규제에 비판적 시각을 가진 데이비드 색스 전 페이팔(PayPal) 최고운영책임자를 백악관 AI 총괄책임자(차르)로 임명하며 규제 완화와 기업 지원이라는 정책 기조를 분명히 했다.

이러한 정책 기조는 '스타게이트 프로젝트'를 통해 구체화되고 있다. 오픈AI, 소프트뱅크, 오라클 등 민간 기업이 주도하는 5000억 달러 규모의 AI 인프라 구축 계획에서 정부는 직접 투자보다 규제 장벽 제거 등 간접적 지원에 집중하고 있다. 이는 단순한 경제 정책을 넘어 미국의 AI 거버넌스 철학을 상징적으로 보여 주는 사례로, 민간의 창의성과 자본을 활용해 미국 중심 글로벌 AI 생태계를 구축하려는 전략적 시도로 볼 수 있다.

한편, 미국은 중국 AI 기술의 자국 내 활용을 제한하는 거버넌스 조치도 강화하고 있다. 2025년 3월 현재 미국 의회는 초당적으로 정부 소유 기기에서 중국에서 개발한 생성형 AI 기술의 사용을 금지하는 법안을 추진 중이며, 이미 미 해군, 미국항공우주국(NASA) 등 주요 정부 기관에서는 보안 우려를 이유로 딥시크(DeepSeek)와 같은 중국 AI 기술 접근을 차단하고 있다. 이러한 일련의 조치들은 AI 거버넌스가 국가 안보와 직결된 문제로 격상되고 있음을 명확히 보여 주는 사례라고 할 수 있다.

국제협력 방식에서도 트럼프 행정부는 바이든 행정부와 다른 접근법을 취하고 있다. 바이든 행정부가 동맹국과 다자간 협력을 통해 글로벌 AI 거버넌스를 수립하고자 했던 반면, 트럼프는 미국이 주도하는 자율규제 중심의 AI 거버넌스를 먼저 확립한 후 이를 무역협정을 비롯한 양자 협상을 통해 다른 국가에 확산시키는 전략을 구축하려는 움직임을 보이고 있다. 이는 미국의 이해관계를 우선시하면서도 선별적 국제협력을 통해 미국 중심

AI 거버넌스 생태계를 만들려는 의도를 반영한다.

미국 AI 거버넌스의 구조적 한계

미국의 AI 거버넌스는 몇 가지 도전 과제에 직면해 있다. 첫째, AI 규제가 기업의 자율성에 의존하고 있다는 점이다. 미국은 AI 기술 혁신을 저해하지 않기 위해 정부가 기본적인 가이드라인만 제시하고 구체적인 규제는 기업이 자율적으로 수립하도록 해 왔다. 그러나 AI가 금융, 의료, 국방 등 핵심 인프라 영역으로 확산되면서 개별 기업의 자율규제만으로는 사회적 영향력과 잠재적 위험을 종합적으로 평가하고 관리하기 어려워지고 있다. 또한 기업들 간 치열한 경쟁 속에서 안전성 검증이나 윤리적 고려가 후순위로 밀릴 수 있다는 우려도 제기된다.

또 다른 도전 과제는 연방 차원의 통합된 규제 프레임워크가 아직 확립되지 않았다는 점이다. 이러한 상황에서 각 주 정부는 AI 기술의 빠른 발전에 대응하기 위해 독자적인 규제 법안을 도입하고 있다. 예를 들어 콜로라도주는 「AI소비자보호법」을 통해 알고리즘 차별 위험으로부터 소비자를 보호하기 위한 조치에 대한 구체적인 기준을 제시했으며, 일리노이주는 「AI영상면접법」을 통해 고용을 목적으로 하는 화상 면접에서 AI 사용에 대한 사전 고지 및 지원자 동의 확보를 의무화했다. 또한 캘리포니아주는 AI 기업의 내부 고발자 보호와 독립적인 제3자 평가 등이 담긴 별도의 AI 규제 법안을 논의하고 있다. 이처럼 주별로 상이한 규제 체계가 만들어지기 시작하면서, 기업들은 각 주의 규제 요건을 개별적으로 파악하고 대응해야 하는 부담을 안게 될 가능성이 높아지고 있다.

마지막으로 글로벌 AI 거버넌스 수립 과정에서 미국의 리더십이 약화될 가능성이다. 현재 국제 사회는 UN, AI 정상회의 등을 중심으로 글로벌 AI 거버넌스 논의를 활발히 진행하고 있지만, 미국은 이러한 다자간 논의에 상대적으로 소극적이었다. 2025년 출범한 트럼프 행정부의 '미국 우선주의' 기조는 이러한 흐름을 더욱 강화할 것으로 예상되며, 그에 따른 글로벌 리더십 공백을 중국이나 EU가 채우려고 할 가능성도 있다. 만약 이런 시나리오가 현실화된다면 미국은 압도적인 AI 기술력을 보유하고 있음에도 불구하고 글로벌 거버넌스 수립 과정에서 자국의 이해관계를 충분히 반영하지 못하는 역설적 상황에 직면할 수 있다.

기술 패권에서 규범 패권으로

미국의 AI 거버넌스는 향후 단계적인 발전 경로를 보일 것으로 전망된다. 현재 미국은 AI 분야에서 세계 최고 수준의 기업들과 핵심 기술을 보유하고 있으나, 중국과 기술 격차를 더욱 확대하기 위해 기업들의 자율성을 최대한 보장하는 방향으로 정책을 유지할 것으로 예상된다. 특히 주목할 점은 공화당과 민주당 모두 AI를 국가 안보의 핵심 자산으로 인식하고 있으며, 중국의 급속한 AI 기술 발전을 공통의 위협으로 간주하고 있다는 것이다. 이러한 초당적 공감대를 바탕으로, 미국은 강도 높은 규제 도입보다는 기업들의 혁신 역량을 극대화하는 데 정책적 우선순위를 둘 것으로 보인다.

다만 미국은 첨단 AI 기술 유출에 대해서는 엄격히 통제하는 이중적 전략을 더욱 강화할 것이다. 이는 AI 분야에서 미국의 독보적 지위를 유지하고 적대국의 기술 추격을 차단하기 위한 전략으로, 최첨단 AI 모델과 훈련 인프라가 적대국이나 악의적 행위자의 손에 들어가는 일을 철저히 차단하면서도, 신뢰할 수 있는 동맹국들과 제한적 협력을 통해 기술 우위를 더욱 공고히 하려는 의도를 담고 있다고 할 수 있다.

그러나 미국이 중국과 기술 격차가 충분히 확보되거

나 자국의 AI 거버넌스를 통해 중국의 성장을 견제할 수 있다고 판단하게 된다면, 자신의 AI 안전 기준과 윤리 규범을 글로벌 스탠더드로 정착시키려 할 가능성이 높다. 이는 마치 과거 미국이 금융, 환경, 노동 등의 분야에서 글로벌 스탠더드를 주도했던 것과 유사한 패턴이라고 할 수 있다. 요컨대 미국은 자국에게 가장 유리한 시점에 자신의 AI 거버넌스를 국제적으로 표준화함으로써, 글로벌 AI 시장에서 기술적 리더십과 규범적 리더십을 동시에 확보하려 할 것으로 전망된다.

참고문헌

김명훈(2024). 『인공지능 대전환 시대에 꼭 알아야 할 인공지능 법과 윤리』. 길벗캠퍼스.

김소미·안병욱(2023). 『인공지능 국제협력 현황 및 특징 분석』.(IT & Future Strategy 10호). 한국지능정보사회진흥원.

오일석(2023). 『디지털 전환 시대의 생성형 AI에 대한 규범 경쟁력 강화 방안』.(이슈브리프 468호). 국가안보전략연구원.

Cheng, L. & Liu, X.(2024). Unravelling power of the unseen: Towards an interdisciplinary synthesis of generative AI regulation. *International journal of digital law and governance*, 1(1), 29-51.

Cloete, F.(2024). Governing artificial intelligence(AI) and other technologies in the digital era. *Adminitratio publica*, 32(4). 1-30.

Duffy, C.(2025). Trump announces a $500 billion AI infrastructure investment in the US. CNN. https://edition.cnn.com/2025/01/21/tech/openai-oracle-softbank-trump-ai-investment/index.html

Fazlioglu, M.(2023). *US federal AI governance: Laws, policies and strategies.* International Association of Privacy Professionals. https://iapp.org/resources/article/us-federal-ai-governance/

HAI Institute(2024). *HAI index 2024.* Stanford, CA: HAI Institute Press.

Hine, E. & Floridi, L.(2024). Artificial intelligence with american values and chinese characteristics: A comparative analysis of american and chinese governmental ai policies. *AI & society*, 39, 257-278.

National Security Commission on Artificial Intelligence(2021). *Final report.* https://assets.foleon.com/eu-central-1/de-uploads-7e3kk3/48187/nscai_full_report_digital.04d6b124173c.pdf

Pasquarelli, W. M.(2024). AI in Trump's America: Strategic Insights and Key Priorities. https://www.linkedin.com/posts/walter-m-pasquarelli_ai-in-trumps-america-strategic-insights-activity-7262812223805313024-e7Ng

Walter, Y.(2024). Managing the race to the moon: Global policy and governance in artificial intelligence regulation—A contemporary overview and an analysis of socioeconomic consequences. *Discover artificial intelligence*, 4, Article 14.

White & Case LLP(2024). *AI Watch: Global regulatory tracker—United States.*

https://www.whitecase.com/insight-our-thinking/ai-watch-global-regulatory-tracker-united-states

Wirtschafter, V. & Belle, D.(2024). What does the 2024 election mean for the future of AI governance? Brookings. https://www.brookings.edu/articles/what-does-the-2024-election-mean-for-the-future-of-ai-governance/

02
EU, 인권중심 포괄규제

인권과 민주주의는 EU의 핵심 철학이다. EU 「AI법」은 이러한 기반 아래 만들어진 세계 최초의 구속력 있는 포괄적 법적 규제로, AI 시스템의 위험도에 따른 차등 규제를 통해 시민의 기본권 보호와 기술 혁신의 균형을 추구하고 있다. EU는 「AI법」을 통해 글로벌 AI 거버넌스를 선도하고자 하나, 기술 발전과 산업 육성에 방점을 둔 주요국들의 상이한 접근으로 인해 단기간 내 국제 사회의 광범위한 동의를 얻기는 쉽지 않을 전망이다.

AI와 MBTI?

EU AI의 역사적 배경: 신중한 혁신

EU는 세계적 수준의 연구 역량과 고급 인재를 보유하고 있음에도 불구하고, AI 분야의 경쟁력은 미국이나 중국에 비해 뒤처져 있는 것이 사실이다. 이는 저조한 민간 투자와 분산된 시장 구조로 인해 우수한 연구 성과가 상업적 혁신으로 이어지지 못하기 때문이다. 특히 규모의 경제를 실현할 수 있는 대형 기술 기업 부재는 EU의 AI 산업 성장을 제한하는 핵심 요인으로 지적된다.

이러한 기술 격차의 근저에는 EU의 독특한 역사적 경험과 제도적 특성이 자리 잡고 있다. 20세기 두 차례 세계 대전과 전체주의 체제의 억압적 감시와 통제 경험은 EU로 하여금 사회 제도 전반에 걸쳐 인권과 민주주의적 가치를 우선으로 고려하게 만들었다. 여기에 27개 회원국 간 합의를 필요로 하는 EU의 정책 결정 구조는 새로운 기술의 도입과 규제에 보다 신중하고 점진적인 접근을 취하게 만드는 요인이 되었다. 이러한 배경에 시장과 사회적 가치의 조화를 추구하는 EU의 전통적 경제 철학이 더해져, EU는 AI를 단순한 기술 혁신이 아닌 사회적 가치와 조화가 필수인 영역으로 인식하게 되었다.

EU AI 거버넌스의 변화와 지속

EU의 AI 거버넌스는 단계적이고 체계적인 발전 경로를 밟아 왔다. 첫 이정표는 2018년 4월 EU 집행위원회가 발표한 '유럽을 위한 인공지능(AI For Europe)'으로, 이는 EU 차원에서 마련된 최초의 공식 AI 전략이자 EU 내 AI 개발과 활용을 위한 공동 계획이었다. 이어 2019년 4월에는 AI 고위 전문가 그룹이 'AI 윤리 가이드라인'을 발표했고 2020년 2월에는 'AI 백서'를 통해 법적 규제의 필요성을 공식화했다. 이러한 단계적 접근은 2021년 4월 AI 규제법 초안으로 구체화되었으며, 이후 3년간 협상을 거쳐 2024년 6월 마침내 「AI법」이 제정되었다.

EU는 「AI법」과 함께, AI 시스템으로 발생하는 피해에 대한 책임 체계도 정비하고 있다. 주목할 만한 변화는 40년 만에 이루어진 「제조물책임지침」의 전면 개정이다. 2024년 단행된 개정은 신기술 제품 급증에 따른 소비자 보호를 강화하기 위해 제조물 및 제조물 결함의 개념과 기업의 책임 범위를 대폭 확대했다. AI 시스템과 소프트웨어를 제조물에 포함했고, 사이버 보안 취약점이나 업데이트 부족도 결함으로 인정하는 변화를 담았다. 이러한 일련의 제도적 정비는 AI 시대 포괄적인 거버넌스 구축을 위한 EU의 체계적 접근을 보여 준다고 할 수 있다.

EU AI 거버넌스는 지난 10년 여간 주목할 만한 변화를 보여 왔다. 자발적 준수를 강조하던 초기 권고적 성격이 법적 강제성을 갖춘 규제로 전환된 점은 가장 큰 변화라고 할 수 있다. 특히 AI 채용 시스템의 차별적 결과나 생체 인식 기술의 프라이버시 침해 사례는 구속력 있는 규제 체계 도입을 촉진하는 계기가 되었다. 하지만 EU는 이러한 규제 강화 과정에서 'AI 시스템 위험도에 따른 차등 규제'라는 원칙을 일관되게 유지했는데, 이는 기술 혁신의 가능성을 열어 두면서도 시민의 기본권 보호에 보다 중점을 둔 신중한 접근으로 평가받고 있다.

세계 최초의 AI 포괄규제, EU AI법

EU AI 거버넌스의 핵심은 「AI법」이라고 할 수 있다. 「AI법」의 목표는 AI가 초래할 수 있는 위험으로부터 시민을 보호하면서 기술 혁신을 촉진하는 균형점을 찾는 데 있다. 이 법은 2024년 8월 1일 발효(2026년 7월까지 단계적으로 적용 예정)되었으며, 무엇보다 세계 최초의 구속력 있는 AI법이라는 점에서 의미가 크다.

EU 「AI법」의 가장 큰 특징은 분야별로 개별 규제를 만드는 것이 아니라 하나의 포괄적인 규제로 모든 AI 개발 및 활용 사례를 관리한다는 점이다. 예를 들어 의료 AI,

금융 서비스 AI, 교육 AI 등에 대해 각각 다른 법을 만드는 대신, 하나의 법으로 모든 분야의 AI를 규제하는 방식을 택했다. 「AI법」은 EU 시장에서 AI 제품이나 서비스를 제공하는 모든 기업에 적용되며, 이는 기업의 소재지와 관계없이 EU 시장에서 활동하는 모든 사업자가 이 법을 준수해야 함을 의미한다.

EU 「AI법」의 또 다른 특징은 위험 기반 접근 방식이다. 이는 AI 시스템이 초래할 수 있는 위험 수준에 따라 규제 강도를 차등 적용하는 방식으로, 네 단계로 구분된다. 첫째, 인지 행동 조작이나 사회적 스코어링처럼 기본권을 심각하게 위협하는 '허용할 수 없는 위험(Unacceptable Risk)' AI 시스템은 전면 금지된다. 둘째, 의료 기기, 채용, 교육 등 안전이나 기본권에 중대한 영향을 미칠 수 있는 '고위험(High Risk)' AI 시스템은 시장 출시 전 엄격한 적합성 평가나 기본권 영향평가를 거쳐야 한다. 셋째, AI 챗봇과 같이 '제한된 위험(Limited Risk)'이 있는 AI 시스템은 최소한의 투명성 요구 사항을 충족해야 하며, 마지막으로 이메일 스팸 필터와 같은 '최소 위험(Minimal Risk)' AI 시스템은 별도의 규제 의무가 없다. 만약 의무 사항을 위반할 경우에는 최대 전 세계 매출액의 7%를 과징금으로 부과할 수 있다.

특히 고위험 AI 시스템에 대한 규제는 엄격하다. 이들은 데이터 품질 관리, 기술 문서화, 인간 감독, 투명성, 위험관리 등에 대한 요구 사항을 충족해야 한다. 또한 EU 데이터베이스에 등록되어야 하며, 지속적인 모니터링과 사후 시장 감독의 대상이 된다. AI 시스템이 본질적으로 변경될 경우에는 적합성 평가와 기본권 영향평가를 다시 받아야 한다. 이러한 요구 사항은 AI 시스템의 안전성과 신뢰성을 보장하면서도, 기업의 기밀 정보와 지식재산권은 보호하도록 설계되어 있다.

EU 「AI법」은 챗지피티와 같은 범용(General Purpose) AI에 대한 규제 방안도 담고 있다. 모든 범용 AI 제공자는 AI 산출물에 대한 워터마킹, 기술 문서 작성, 저작권법 준수, 학습 데이터 공개 등 기본적인 의무를 준수해야 한다. 나아가 EU가 정한 일정 기준 이상의 영향력을 가진 범용 AI에 대해서는 더욱 엄격한 평가, 보고, 보안 의무가 적용된다.

「AI법」의 효과적인 집행을 위해서 EU는 다층적 거버넌스 구조를 도입했다. 개별 회원국의 시장 감시 당국이 일차적인 감독을 담당하며, EU 차원에서는 AI 사무국(AI Office)이 대규모 언어 모델과 같은 범용 AI를 직접 감독한다. AI 위원회(AI Board)는 회원국 간 규제 조화를 도모하고, 과학 패널(Scientific Panel)은 기술적 전문성을 제공하며, 자문 포럼(Advisory Forum)은 다양한 이해관계자의 의견을 수렴한다. 이러한 구조는 규제의 일관성과 전문성을 확보하는 동시에 현장 목소리가 균형 있게 반영되도록 마련되었다.

「AI법」의 글로벌 정합성을 위한 노력도 기울이고 있다. EU는 국제표준화기구(ISO)와 협력하여 AI 시스템의 기술 요구 사항을 표준화하고 있으며, 생체 인식 분야의 표준도 논의 중인 것으로 알려져 있다. 2025년까지 완성될 것으로 예상되는 이러한 표준은 기업의 규제 준수를 용이하게 할 전망이다. 다만 EU는 국제 표준이라 하더라도 EU 법률에 완전히 부합해야만 수용할 수 있다는 원칙을 분명히 하고 있다.

EU는「AI법」이 완전히 시행되기 전까지 과도기를 지원하기 위해서 'AI 팩트(AI Pact)' 프로그램을 운영하고 있다. 이는 정기적인 워크숍을 통해 이해관계자들의 규제에 대한 이해와 이행을 돕고, 선도적인 기업들의 경험 공유와 자발적 조기 이행을 유도하여「AI법」이 시장에 연착륙할 수 있도록 돕는 역할을 한다.

EU AI법의 다면적 과제

EU「AI법」은 세계 최초 포괄적 AI 규제 법안으로서 중요한 의미를 가지고 있지만, 구체적인 실행 측면에서는 다양한 도전 과제에 직면해 있다. 첫째 과제는 다른 디지털 관련 법률과의 접점에서 발생하는 규제 영역의 중복성이다. AI 기술은「일반정보보호규정(GDPR)」과「디지털시장법(DMA)」,「디지털서비스법(DSA)」 등 다양한 규제 영역과 맞닿아 있기 때문에,「AI법」이 이들 법률과 어떻게 조화를 이룰 것인지가 중요한 과제다. 예를 들어 AI 시스템이 개인정보를 처리할 때는「AI법」과 GDPR를 동시에 준수해야 하며, 디지털 플랫폼의 AI 활용에는 DSA나 DMA도 함께 고려해야 한다. 이는 규제 기관 간 관할권 충돌 혹은 책임 소재 불분명 문제를 초래할 수 있으며, 기업에게는 복잡한 규제 퍼즐을 풀어야 하는 부담을 가중시킬 우려가 있다.

둘째, EU「AI법」은 혁신 촉진과 규제 준수라는 두 가지 목표 사이의 딜레마에 직면해 있다. EU「AI법」은 내용적으로 미국의 빅테크 기업을 주요 규제 대상으로 삼고 있지만, 고위험 AI 시스템에 대한 적합성 평가와 등록 요건 등은 EU의 중소기업과 스타트업에도 적지 않은 부담이 될 수 있다. 특히 규제가 상대적으로 유연한 미국이나 중국과 비교할 때, 이러한 규제 부담은 EU 기업들의 글로벌 경쟁력을 약화시킬 수 있다는 우려가 제기되고 있다.

셋째, EU 「AI법」은 국경을 넘어 서비스되는 AI의 특성으로 인해 실질적인 규제 집행에 어려움도 예상된다. EU 역외 기업에 대한 규제 적용이 쉽지 않을 뿐만 아니라, EU 기업들이 역외에서 금지된 AI 시스템을 활용하는 것을 통제하기도 어려울 수 있기 때문이다. 또한 상대적으로 유연한 규제 체계를 가진 국가들과 협력이 제한될 수 있어, 이는 결과적으로 글로벌 AI 생태계에서 기업이 규제가 약한 지역을 찾아 이동하는 규제 차익 현상을 발생시킬 우려도 있다.

글로벌 AI 거버넌스 전환기, EU의 미래

최근 EU AI 거버넌스에는 미묘한 변화가 감지되고 있다. 중국의 AI 기술 약진과 미국의 기술 패권 강화 움직임에 대응하여, EU는 공식적으로 AI 경쟁력 제고를 위한 투자 확대를 발표하며 혁신을 저해하는 불필요한 추가 규제는 최소화하겠다는 의지를 밝혔기 때문이다.

그럼에도 불구하고 EU AI 거버넌스는 큰 틀에서 앞으로도 인권과 민주주의 가치를 중심으로 발전할 것으로 전망된다. 인권과 민주주의는 단순한 정책적 선호가 아닌 EU 기본권 헌장과 유럽인권협약에 명시된 타협 불가능한 헌법적 가치에 근간을 두고 있기 때문이다. 더욱이 AI 기술 개발 경쟁에서 미국과 중국에 비해 상대적 열위에 있는 EU에게 강력한 규제 프레임워크는 국제 협상에서의 전략적 지렛대 역할을 제공한다는 점도 고려할 필요가 있다.

EU는 이미 GDPR를 통해 개인정보 보호의 글로벌 표준을 성공적으로 확립한 경험을 바탕으로, 「AI법」을 통해 '인간 중심 AI'라는 새로운 규범적 표준을 구축하려는 의도를 드러내고 있다. 그러나 "개인정보" 보호와 달리 "AI"는 국가의 미래 핵심 경쟁력과 직결되는 전략 기술이다. 따라서 AI 기술이 초래하는 가시적이고 충격적인 위험이 단기간 내 현실화되지 않는 한, EU 「AI법」에 대한 국제 사회의 광범위한 동의를 얻기는 쉽지 않을 전망이다. 이러한 현실적 제약 속에서 EU는 UN, UNESCO, OECD 등 국제기구와 민주주의 가치를 공유하는 파트너 국가들과의 연대를 통해 점진적으로 국제적 영향력을 확대해 나갈 것으로 예상된다.

참고문헌

김소미·안병욱(2023). 『인공지능 국제협력 현황 및 특징 분석』.(IT & Future Strategy 10호). 한국지능정보사회진흥원.

심소연(2024). 규제중심의 유럽연합 인공지능법(EU AI Act). 『최신 외국입법정보』. 국회도서관.

안성원 외(2024). 유럽연합 인공지능법(EU AI Act)의 주요내용 및 시사점. 『SW중심사회』. 소프트웨어정책연구소.

이효진(2023). 인공지능(AI) 단일법 제정 필요성과 행정법학의 과제. ≪법학논총≫, 35권 3호, 9-57.

Access Now(2024). AI Act: Failure for human rights, victory for industry and law enforcement.
https://www.accessnow.org/press-release/ai-act-failure-for-human-rights-victory-for-industry-and-law-enforcement/

Draghi, M.(2024). *The future of european competitiveness: A competitiveness strategy for europe*. European Commission.

EU AI ACT.
https://www.euaiact.com/

ISACA(2024). *Understanding the EU AI Act.*
https://www.isaca.org/resources/white-papers/2024/understanding-the-eu-ai-act

McKinsey & Company(2024). *Time to place our bets: Europe's AI opportunity.*
https://www.mckinsey.com/capabilities/quantumblack/our-insights/time-to-place-our-bets-europes-ai-opportunity

Pirozzoli, A.(2024). The human-centric perspective in the regulation of artificial intelligence. *European papers*, 9(1), 105-116.

Roland Berger(2024). *European AI Act: Opportunities and challenges.*
https://www.rolandberger.com/en/Insights/Publications/European-AI-Act-Opportunities-and-challenges.html

Weinstein, J., et al.(2021). *System error: Where big tech went wrong and how we can reboot.* Hodder & Stoughton. 이영래 옮김(2022). 『시스템 에러: 빅테크 시대의 윤리학』. 어크로스.

White & Case LLP(2024). *AI Watch: Global regulatory tracker—European Union.*
https://www.whitecase.com/insight-our-thinking/ai-watch-global-regulatory-tracker-european-union

03
중국, 체제안정 핀셋규제

중국은 강력한 국가 권력을 바탕으로 세계에서 가장 신속하게 AI 규제를 도입하고 있다. 알고리즘, 심층합성, 생성형 AI에 대한 '핀셋규제'는 당-국가 체제의 핵심 가치를 지키며 기술 혁신을 모색하는 중국의 독특한 접근 방식이다. 중국은 개발도상국에 대한 영향력 확대를 통해 글로벌 거버넌스 형성 과정에서 주도권을 확보하려 하고 있으나, 인권과 프라이버시를 둘러싼 국제 사회의 우려는 중국 AI 거버넌스가 보편적 모델로 수용되는 데 걸림돌이 될 것으로 예상된다.

AI와 난임 극복?

중국 AI 발전의 배경과 특징

중국의 AI 발전 경로는 기술과 과학을 통해 국가 번영을 추구해 온 전통에 뿌리를 두고 있다. 비록 산업화와 정보화 시대에는 뒤처져 있었으나, 모바일 인터넷 시대 도래와 함께 중국은 우수한 인재, 기업가 정신, 독자적 인터넷 생태계, 그리고 정부의 전폭적 지원을 바탕으로 급속한 성장을 이루었다. 2022년 기준 중국은 전 세계 AI 특허의 61.1%를 보유하고 있으며, 14억 인구를 기반으로 한 모바일 중심의 디지털 활동과 개인정보 문제에 상대적으로 관대한 문화는 AI 개발의 핵심인 방대한 데이터 확보를 가능하게 했다.

중국에게 AI는 단순한 기술 혁신을 넘어 체제 안정과 국가 발전에 기여하는 전략적 도구로 인식되고 있다. 사회주의 체제의 안전한 유지를 위한 자동화된 사회 관리, 인구 고령화 대응을 위한 생산성 향상, 군사력 증강 등 다양한 국가적 과제 해결의 열쇠로 AI를 바라보고 있는 것이다. 또한 미중 무역 전쟁 이후 심화된 기술 보호주의는 중국으로 하여금 독자적 AI 기술 개발을 통한 디지털 주권 확보를 시급한 과제로 인식하게 만들었다. 이러한 배경 아래 중국은 개혁 개방 이후 형성된 시장 중심적 사고방식과 정부의 핀셋규제를 바탕으로 체제 안정을 저해하지 않는 선에서 AI 기술의 빠른 발전을 이끌고 있다.

중국 AI 거버넌스의 변화와 지속

중국 AI 거버넌스는 2016년 '인터넷 플러스 AI 3개년 행동실시방안'으로 첫걸음을 내딛었으며, 이듬해인 2017년 '차세대 AI 발전 계획'으로 본격화되었다. 특히 2017년 발전 계획은 2030년까지 AI 강국으로 도약하기 위한 단계별 목표와 전략을 명확히 제시했다는 점에서 중국 AI 정책의 가장 중요한 이정표로 평가받는다.

이후 중국은 2020년 '국가 차세대 AI 표준 체계 구축 지침'을 통해 기술 표준화의 기반을 마련했으며, 2022년 「인터넷 정보 서비스에 대한 알고리즘 추천 관리규정(알고리즘 추천 규정)」, 2023년 「인터넷 정보서비스 심층합성 관리규정(심층합성 규정)」과 「생성형 AI 서비스 관리 임시 규정(생성형 AI 규정)」으로 거버넌스 체계를 확장하며 새로운 기술 발전에 선제적으로 대응해 왔다. 서구와 달리 정권 교체가 거의 없는 중국의 정치적 특성은 AI 거버넌스의 일관성과 연속성을 가능하게 한 주요 요인이었다.

이러한 점진적인 거버넌스 확장 흐름 속에서, 2024년 중국은 'AI 플러스 이니셔티브'를 발표하며, AI를 산업 전반에 통합하여 생산성 혁신과 경제 구조 고도화를 추진하겠다는 새로운 정책 방향을 제시했다. 이는 그간 구축해 온 표준화와 규제 프레임워크를 기반으로, 정책의 지향점을 AI의 산업적 적용과 확산으로 이동한 것이라고 평가할 수 있다.

요컨대 중국의 AI 거버넌스는 지난 10년간 AI 기술의 산업 응용과 혁신 촉진이라는 기조를 일관되게 유지하면서도 AI 표준과 윤리 규범, 규제 지침의 영역에서는 점차 세분화되고 정교한 접근법을 발전시켜 왔다. 특기할 점은 중국의 AI 윤리 규범이 사회적 안정과 인권 존중의 "조화(harmony)"를 강조한다는 것인데, 이는 EU의 인권 "중심" 접근법과 명확히 구분되는 지점이다. 이러한 특성은 AI 기술의 급속한 발전이 초래할 수 있는 사회적 파급 효과에 대한 관리와 함께, 국가 주도의 기술 발전과 사회 통제라는 이중적 목표를 추구하는 중국 AI 거버넌스의 철학을 보여 주는 것이라고 할 수 있다.

중국 AI 거버넌스의 키워드, 핀셋규제

중국은 세계에서 가장 빠르고 상세한 AI 규제를 도입하며 강력한 국가 주도의 거버넌스를 구축하고 있다. 정치적 안정성 확보, 사회 경제적 영향 관리, 글로벌 기술 경쟁력 강화라는 핵심 목표 아래, 중국은 2021년 「알고리즘 규정」, 2023년 「심층합성 규정」과 「생성형 AI 규정」을 차례로 도입했으며, 2024년에는 '생성형 AI 서비스 기본 안전 요구 사항 기술 문서'를 발간했다.

중국의 AI 거버넌스는 '핀셋규제' 방식을 특징으로 한다. 이는 전체 산업에 대한 일률적 규제 대신 개별 AI 기술이나 문제에 맞춤형 규제를 도입하는 방식으로, 산업별 특성을 고려한 '수직적' 접근과 기술 발전에 따른 '반복적' 보완을 핵심으로 한다. 이러한 선별적 규제는 기업의 법규 준수 비용을 낮추고 기술 혁신을 촉진하는 장점이 있다.

상기한 세 가지 주요 규제의 내용을 살펴보면 일관된 방향성이 드러난다. 「알고리즘 규정」은 '사회주의 핵심 가치관 및 국가 이념 존중'과 '사회 발전의 긍정 에너지 전파'를 강조하고 있으며, 「심층합성 규정」은 허위 정보 확산과 대중 오도 방지를 위해 합성 콘텐츠의 명확한 라벨링을 의무화하고 있다. 가장 최근 도입된 「생성형 AI 규정」은 훈련 데이터의 합법성과 윤리성을 강조하며 사회주의 가치 존중과 허위 정보 확산 금지 등을 요구하고 있다. 하지만 「생성형 AI 규정」은 시행 단계에서 초안에 비해 규제 위반 시 처벌 수준이 완화되는 등 진흥을 앞세

우는 실용적 접근을 보여 주었다.

한편, 2023년 중국 정부는 개별 규제를 통합하고 체계화하는 국가 AI법 제정 준비에 착수했으며, 2024년 9월에는 AI 안전 거버넌스를 위한 새로운 프레임워크를 도입했다. 이 프레임워크는 데이터 보안, 위험 평가, 시스템 무결성에 대한 포괄적인 요구 사항을 담고 있으며, 정보보안경영시스템 국제 표준(ISO/IEC 27001), 윤리적 AI 설계를 위한 표준(IEEE 7000) 시리즈 등 국제 표준과의 정합성을 추구한다는 점에서 의미가 있다. 이는 중국이 자국의 AI 규제 경험을 바탕으로 글로벌 표준 설정에도 영향력을 확대하려는 포석으로 해석할 수 있다.

이러한 움직임은 시진핑 주석 집권 이후 더욱 뚜렷해진 중국의 글로벌 전략과 맞닿아 있다. 중국은 글로벌 규범을 수동적으로 수용하던 과거와 달리, 이제 새로운 규범을 능동적으로 만들어 가기 위해 노력하고 있으며, 이는 UN과 UNESCO에서 AI 기술의 포용성을 강조하거나 ISO와 국제전기통신연합(ITU) 등 기술 표준화 기구의 논의에 적극적으로 참여하는 방식으로 구체화되고 있다.

특히 2023년 10월 제3차 일대일로 포럼에서 시진핑 주석이 발표한 '글로벌 AI 거버넌스 이니셔티브'는 이러한 중국의 전략적 전환을 잘 보여 준다. IMF나 세계은행과 같은 글로벌 경제 거버넌스 영역은 이미 서구 중심 규범과 제도가 공고화되어 중국이 이를 재구성하기 어렵다. 반면 글로벌 AI 거버넌스는 아직 규범과 제도가 형성되는 초기 단계에 머물고 있어 중국이 자국의 이해관계를 반영하고 영향력을 확대할 수 있는 기회의 공간이 크다고 할 수 있다. 이러한 연장선에서 중국은 2024년 7월 '상하이 선언'을 통해 UN 중심의 거버넌스 체계를 강조하고 개발도상국의 대표성 강화를 주장하며, 각국의 주권과 다양성을 존중하는 새로운 AI 거버넌스 비전을 제시한 바 있다.

중국 AI 거버넌스의 한계

중국의 AI 거버넌스는 사회적 안정과 인권 존중의 균형을 강조하고 있으나, 실제 운영 과정에서는 여러 도전 과제를 마주하고 있다. 첫 번째 과제는 국가 안보와 사회 안정이라는 명분하에 개인의 기본권이 제한될 수 있다는 점이다. 예컨대 사회 신용 시스템은 AI 기술을 활용해 시민들의 행동을 평가하고 이에 따라 혜택을 제공하거나 제재를 가하고 있다. 또한 얼굴 인식 기술의 경우, 기업은 시민 동의를 필수로 하지만 정부 산하 보안 기관 등은 이러한 제한에서 면제되어 AI 기술이 사회 통제의 도구로 활용될 수 있다는 우려가 제기된다.

중국의 이러한 접근은 AI 거버넌스에 대한 서구와의 근본적인 입장 차이를 보여 준다. EU가 개인정보 보호와 알고리즘의 투명성을 강조하는 '인권 중심적' 접근을 취하는 것과 달리, 중국은 국가 안보와 사회 질서 유지를 우선시하는 '국가 중심적' 거버넌스를 추구하고 있기 때문이다. 이러한 차이는 글로벌 AI 규범 형성 과정에서 중국의 영향력을 제한하는 주된 요인으로 작용하고 있다. 중국은 이를 극복하기 위해 개발도상국과 협력을 강화하고 AI 기술 지원을 약속하는 등 우호적 접근을 시도하고 있으나, 민주주의 국가들과의 근본적인 가치관 차이를 좁히는 데는 여전히 한계를 보이고 있다.

한편, 핀셋규제가 중국의 AI 기술 혁신을 제한할 수 있다는 우려도 있다. 특히 중국의 생성형 AI 규제가 사회주의 가치관에 부합하는 콘텐츠 생성을 요구하는 것은 기술적 창의성과 표현의 다양성을 제약할 가능성이 있다. 이러한 규제 체계는 해당 분야에서 AI 기술의 잠재적 오남용을 방지하고 사회적 안정을 유지하는 긍정적 측면이 있으나, 동시에 기업의 자유로운 기술 혁신과 글로벌 시장에서의 경쟁력 확보를 저해할 수 있는 양면성을 지니고 있기 때문이다.

중국 AI 거버넌스의 글로벌 영향력

이러한 한계에도 불구하고 중국의 AI 거버넌스는 국제 사회에서 그 영향력이 점차 확대될 것으로 전망된다. 이는 중국이 글로벌 2위 수준의 AI 기술 경쟁력을 보유하고 있을 뿐만 아니라, 강력한 국가 주도의 수직적 규제를 통해 AI 기술 발전에 신속하게 대응하고 있기 때문이다. 정치 체제와 이념의 차이를 떠나 중국의 AI 규제 접근 방식과 그 결과는 다른 국가에게도 의미 있는 참고 사례가 될 수 있을 것이다.

한편, 트럼프의 귀환이라는 미국의 정치적 변화는 글로벌 AI 거버넌스 영역에서 중국의 영향력 확대에 새로운 기회로 작용할 것으로 보인다. 과거 트럼프 행정부 시기 미국이 UN을 비롯한 다자 체제에서 후퇴했던 것처럼, 향후 미국의 국제기구 참여가 약화될 경우 중국은 이 공백을 전략적으로 활용하여 자국의 영향력을 확대하려 할 가능성이 크다. 실제로 중국은 이미 다양한 UN 산하 기관 및 글로벌 AI 규범 논의 기구에 적극적으로 참여하고 있으며, 개발도상국과의 협력 강화를 통해 지지 기반을 확대하고 있다. 특히 아프리카 및 일부 권위주의 체제 국가에서는 국가 안보와 사회 질서를 우선시하는 중국 AI 거버넌스가 매력적인 모델로 받아들여질 수 있으며,

이에 따라 이들 지역에서 중국의 영향력은 더욱 확대될 가능성이 크다.

다만 중국이 글로벌 AI 거버넌스의 주도권을 확보하기 위해서는 몇 가지 근본적인 과제를 해결해야 한다. 가장 핵심적인 문제는 중국의 AI 개발과 활용이 인권과 프라이버시를 침해할 수 있다는 국제 사회의 우려다. 그러나 이는 단순한 기술적 혹은 제도적 차원의 문제가 아닌, 개인의 자유와 권리를 우선시하는 서구와 집단의 안정과 질서를 강조하는 중국의 가치 체계가 충돌하는 지점이기 때문에 쉽게 해소되기 어려울 것으로 보인다. 따라서 향후 중국은 글로벌 AI 거버넌스 수립 전반을 주도하기보다는 특정 영역에서 규제 모델의 선도적인 사례로 참고되는 수준에서 그 영향력을 넓혀 갈 것으로 예상된다.

참고문헌

김소미·안병욱(2023). 『인공지능 국제협력 현황 및 특징 분석』.(IT & Future Strategy 10호). 한국지능정보사회진흥원.

Cheng, J. & Zeng, J.(2022). Shaping AI's future? China in global AI governance. *Journal of contemporary China*, 32(143), 794-810.

Cihanova, J.(2024). AI regulation: The EU and China approach. *Acta facultatis iuridicae universitatis comenianae*, 43(1), 3-18.

HAI Institute(2024). *HAI Index 2024*. Stanford, CA: HAI Institute Press.

Hine, E. & Floridi, L.(2024). Artificial intelligence with American values and Chinese characteristics: A comparative analysis of American and Chinese governmental AI policies. *AI & society*, 39, 257-278.

Krishna, V. V.(2023). AI and contemporary challenges: The good, bad and the scary. *Journal of open innovation: technology, market, and complexity*, 10(1).

Lee, K.-F.(2018). *AI superpowers: China, silicon valley, and the new world order*. Houghton Mifflin. 박세정, 조성숙 옮김(2019). 『AI 슈퍼파워: 중국, 실리콘밸리 그리고 새로운 세계질서』. 이콘.

National Technical Committee 260 on Cybersecurity of SAC(2024). *AI safety governance framework*. https://www.tc260.org.cn/upload/2024-09-09/1725849192841090989.pdf

Pandectes(2024). *China's TC260 introduces new framework for AI safety governance*. https://pandectes.io/blog/chinas-tc260-introduces-new-framework-for-ai-safety-governance/

Rudd, K.(2022). *The avoidable war*. World Poetry Books, 김아영 옮김(2023). 『피할 수 있는 전쟁』. 글항아리.

Tortoise Media(2024). *Global AI*. Tortoise Intelligence, https://www.tortoisemedia.com/intelligence/global-ai0

Walter, Y.(2024). Managing the race to the moon: Global policy and governance in Artificial Intelligence regulation—A contemporary overview and an analysis of socioeconomic consequences. *Discover artificial intelligence*, 4, Article 14.

White & Case LLP(2024). *AI Watch: Global regulatory tracker – China.* https://www.whitecase.com/insight-our-thinking/ai-watch-global-regulatory-tracker-china

04
한국, 균형지향 최소규제

한국은 「AI기본법」 제정을 통해 산업 진흥과 신뢰 확보를 동시에 추구하는 균형적 거버넌스의 틀을 마련했다. 그러나 산발적인 부처별 정책과 글로벌 AI 거버넌스 영역에서의 제한적 영향력은 앞으로 풀어야 할 과제로 남아 있다. 한국은 주요국과의 AI 상호 인증 체계 구축과 선진국-개발도상국 간 가교 역할을 통해 국제 사회에서 그 입지를 점차 확대해 나갈 것으로 전망된다.

AI와 사주?

한국 AI 경쟁력과 거버넌스의 배경

한국의 AI 경쟁력은 1990년대 후반부터 시작된 정보통신기술(ICT) 인프라 구축과 디지털 전환 정책의 결실이라고 할 수 있다. 정부 주도의 정보화 진흥 사업과 민간의 활발한 디지털 혁신이 맞물리면서, 한국은 탄탄한 디지털 생태계를 구축할 수 있었다. 더욱이 높은 교육열을 바탕으로 양성된 우수한 인재와 새로운 기술에 대한 사회 전반의 높은 수용성은 디지털 전환을 가속화하는 핵심 요인이었다. 이러한 기술적, 사회적 토대 위에서 한국은 2024년 토터스미디어 '글로벌 AI 인덱스'에서 세계 6위의 경쟁력을 보유한 것으로 평가되었다. 다만 여기에는 맥락을 고려한 해석이 필요하다. AI 기술 패권을 다투는 미국과 중국이 인재, 데이터, 컴퓨팅 파워 등 모든 측면에서 압도적 우위를 보이는 가운데, 3~10위권 국가들은 근소한 격차 안에서 경쟁하고 있기 때문이다.

이러한 상황에서 한국 정부는 AI를 국가 경쟁력의 새로운 핵심 동력으로 인식하고, 디지털 강국으로서의 경험을 기반으로 AI를 통한 국가 혁신과 경제 성장을 적극 추진하고 있다. 특히 주목할 점은 한국 AI 거버넌스가 균형적 접근을 지향한다는 것이다. 성숙한 시민 의식과 높은 디지털 리터러시를 갖춘 한국 사회는 AI 기술이 가진 혁신의 잠재력을 인정하면서도, 동시에 그 발전 과정에서 사회적 신뢰와 책임을 강조하고 있다.

한국 AI 거버넌스의 변화와 지속

2016년 알파고와 이세돌 바둑 대국은 AI 기술의 잠재력에 대한 한국 사회의 관심을 크게 높였으며, 이후 정부는 AI 정책 수립에 본격적으로 나섰다. 2019년 AI 국가 전략 수립과 2020년 AI 윤리 기준 및 법 제도 규제 개선 로드맵 발표가 이어졌으며, 2021년 AI 챗봇 '이루다' 사건은 AI 기술의 부작용을 드러내며 규제의 필요성을 부각시켰다. 특히 2022년 챗지피티가 등장하면서 과학기술정보통신부, 개인정보보호위원회, 국가인권위원회, 문화체육관광부, 방송통신위원회 등 각 정부 부처는 신속하게 AI 관련 정책과 가이드라인을 발표했다. 여기에 더해 2023년에는 AI 딥페이크 기술을 활용한 선거 운동을 금지하는 「공직선거법」 개정안이 여야 합의로 통과되는 등 구체적인 법제화 움직임도 나타났다.

이처럼 한국 AI 거버넌스는 시대적 요구에 따라 진화해 왔으나, AI 기술 개발과 산업 육성을 통한 국가 경쟁력 강화라는 기조는 일관되게 유지되었다. 다만 AI 거버넌스에 대한 접근은 초기 논의 단계의 '우선허용 사후규제' 방식에서 점차 혁신과 규제의 균형을 추구하는 방향으로 변화했다. 이러한 변화는 AI 기술의 급속한 발전과 사회적 영향력 증대에 따른 우려에서 비롯되었다고 할 수 있다. 한편, 국회에서는 2020년부터 다수의 AI 법안이 발의되었으나 혁신 촉진과 위험관리를 둘러싼 여야 간 이견으로 장기간 합의에 이르지 못했다. 그러나 국가 경쟁력 강화를 위한 AI 발전의 혁신 동력을 확보해야 한다는 사회적 요구가 증가하면서, 2024년 12월 마침내 「AI기본법」이 국회 본회의를 통과했다.

혁신을 저해하지 않는 최소한의 규제

현재 한국 AI 거버넌스는 「AI기본법」이 중심축 역할을 담당하며, 개별 부처가 발표하는 다양한 가이드라인이 이를 보완하는 구조를 가지고 있다. 「AI기본법」이 AI 산업 진흥과 신뢰 기반 조성을 위한 기본 방향과 원칙, 규제 근거를 제시한다면 부처별 가이드라인은 분야별 특수성을 반영한 구체적인 규범을 제시하는 역할을 한다.

2024년 12월 제정된 「AI기본법」은 AI 규제에 대한 한국의 독자적 접근을 보여 준다. 예컨대 EU 「AI법」이 '위험' 기반 접근을 통해 높은 수준의 차등적 규제 방안을 마련한 것과 달리, 한국은 '고영향 AI'라는 단일 기준을 도입했다. '고위험 AI'가 아닌 '고영향 AI'라는 용어를 사용한 것은 AI 기술의 본질적 중립성을 인정하면서도 실제 사람에 미치는 영향력에 따라 규제 필요성을 판단하고자 하는 현실적인 접근이라고 할 수 있다. 고영향 AI는 의료 기기, 에너지 등의 분야에서 사람의 생명·신체, 기본권에 중대한 영향을 미치거나 위험을 초래할 우려가 있는 AI 시스템을 의미한다.

「AI기본법」은 고영향 AI 사업자에게 다섯 가지 주요 의무 사항을 부과한다. 첫째, 위험관리 방안을 수립·운영해야 하며, 둘째, AI가 도출한 최종 결과와 주요 기준, 학습용 데이터 개요에 대한 설명 방안을 수립·시행해야 한다. 셋째, 이용자 보호 방안을 수립·운영해야 하고 넷째, 고영향 AI에 대한 사람의 관리·감독을 보장해야 한다. 마지막으로 안전성·신뢰성 확보 조치 내용을 문서화하여 보관해야 한다.

특히 AI 사업자는 고영향 AI 또는 생성형 AI를 이용한 제품이나 서비스를 제공할 때, 해당 AI가 운용되고 있다는 사실을 이용자에게 사전에 고지해야 한다. 생성형 AI의 경우 딥페이크 등 오남용 우려를 고려하여, AI 생성 결과물에 반드시 그 사실을 표시해야 하며, 실제와 구분하기 어려운 가상의 음향, 이미지, 영상을 제공할 때는 이용자가 명확히 인식할 수 있는 방식으로 고지해야 한다. 다만 예술적 · 창의적 표현물의 경우 전시나 향유를 저해하지 않는 방식으로 표시할 수 있다.

「AI기본법」은 해외 AI 사업자에 대한 규제도 포함하고 있다. 국내에 주소나 영업소가 없는 AI 사업자라도 국내 시장이나 이용자에게 영향을 미치는 경우 법 적용 대상이 되며, 일정 기준 이상의 해외 사업자는 국내 대리인을 지정해야 한다. 또한 「AI기본법」은 AI 관련 주요 정책과 고영향 AI 규제 방안 등을 심의 · 의결하는 대통령 직속 국가AI위원회 설치를 규정했으며, AI 안전성 평가 방법 연구와 국제협력을 수행하기 위한 AI안전연구소 설립의 법적 근거도 마련했다.

「AI기본법」은 실효성 있는 집행을 위해 구체적인 제재 조항도 마련했다. 과학기술정보통신부는 법 위반 사항을 발견하거나 신고를 받은 경우 AI 사업자에 대한 조사를 실시할 수 있으며, 필요 시 사업장 출입 조사도 가능하다. 조사 결과 법 위반이 확인되면 해당 행위의 중지나 시정을 명령할 수도 있다. 특히 사업자가 고영향 AI와 생성형 AI 사용 사실을 사전에 고지하지 않거나 생성형 AI 결과물에 대한 AI 표시 의무를 위반할 경우 또는 시정 명령을 이행하지 않은 경우에는 3000만 원 이하의 과태료가 부과된다.

「AI기본법」은 표면적으로 혁신과 신뢰의 균형을 강조하지만, 실질적으로는 혁신에 상대적으로 더 큰 비중을 두고 있다. 앞서 언급한 고영향 및 생성형 AI에 대한 일부 의무 사항을 제외한 대부분의 내용은 자율규제 성격을 띠고 있으며, 고영향 AI에 대해서도 EU처럼 사전 적합성 평가 등을 의무화하지 않고 자율적인 검·인증 혹은 영향평가만을 권고하고 있기 때문이다. 요컨대 「AI기본법」은 산업 발전을 저해하지 않는 선에서 최소한의 규제만을 도입한 것으로 평가할 수 있다.

「AI기본법」과 별개로 개별 부처는 가이드라인을 통해 AI 규범을 구체화하고 있다. 개인정보보호위원회는 생성형 AI의 개인정보 처리에 관한 가이드라인을 발표했으며, 문화체육관광부는 AI 학습 데이터의 저작권 문제에 대한 가이드라인을 마련했다. 금융위원회도 AI 기반 금융 서비스의 안전성 확보를 위한 가이드라인을 제시하는 등 분야별 규범이 수립되고 있다.

한국 AI 거버넌스의 도전 과제

한국 AI 거버넌스는 현재 진화하는 과정 속에서 여러 도전 과제를 마주하고 있다. 첫 번째 과제는 AI 정책의 전문성과 통합성 간 균형이다. 지금까지 AI 관련 정부 부처는 각 분야의 전문성을 바탕으로 분야별 가이드라인을 수립하며 AI 정책을 발전시켜 왔다. 그러나 이러한 접근은 해당 분야의 특수성을 반영할 수 있다는 장점이 있으나, 국가 차원에서 일관된 정책 방향을 수립하고 통합적으로 추진하는 데는 한계가 있다. 2024년 9월 출범한 국가AI위원회가 부처 간 정책 조율을 시도할 것으로 예상되나, 실질적인 통합 조정이 이루어지기까지 시간이 필요할 것으로 보인다.

「AI기본법」 실효성 제고를 위한 고영향 AI 규정의 구체화도 핵심 과제다. 현행 기본법은 에너지, 먹는 물, 의료 기기, 범죄 수사와 같은 분야에서 '사람의 생명, 신체의 안전 및 기본권에 중대한 영향을 미치거나 위험을 초래할 우려가 있는 AI 시스템'을 고영향 AI로 정의하고 있다. 그러나 AI가 각 산업 부문에 미치는 영향이 상이하고 복잡하여, "중대한 영향"이라는 일률적 기준으로는 부문별 특수성을 반영하기 어렵다는 한계가 있다. 따라서 시행령 제정 과정에서 산업별 특성을 고려한 맞춤형 평가 기준을 제시할 필요가 있다. 특히 세부 의무 사항 논의 과정에서는 반드시 그 파급 효과와 이행 가능성에 대한 시뮬레이션이 필요하며, 글로벌 AI 시장에서 상호 인증

이 가능한 수준의 기준을 마련하는 것도 중요하다.

한편, 글로벌 AI 거버넌스 형성 과정에서 한국의 영향력 확대도 과제로 남아 있다. 한국은 2024년 5월 'AI 서울 정상회의'를 개최하며 국제 사회의 주목을 받았으나, 미국, EU, 중국 등이 주도하는 글로벌 담론에서 차별화된 영향력을 발휘하기에는 여전히 한계가 있다. 이는 글로벌 파급력을 가진 AI 기업 부재와 함께 국가 차원의 AI 외교 전략이 아직 정비되지 못한 데서 기인한 것으로 파악된다.

한국 AI 거버넌스의 미래, 적응과 국제협력

한국 AI 거버넌스는 앞으로 산업 발전과 사회 요구에 적응하면서 변화하고 발전해 나갈 것으로 전망된다. 기본적으로는 현재의 산업 진흥 중심 정책 기조가 유지되겠으나, 한국의 높은 시민 의식과 즉각적인 여론 형성 문화로 인해 향후 규제 수준은 AI 관련 사건 사고와 이에 대한 사회적 반응에 따라 유동적으로 변화할 것이다.

글로벌 차원에서는 주요국의 AI 거버넌스가 분절화되는 추세 속에서 한국은 국제 표준과의 상호 호환성 확보에 주력할 것으로 전망된다. 이를 위해 양자 간, 다자간 협의체에 적극 참여하여 한국의 거버넌스를 국제 표준에 반영하기 위해 노력하는 동시에, 글로벌 스탠더드를 국내 제도에 수용하는 전략을 추구할 가능성이 크다.

나아가 한국은 선진국과 개도국 간 가교 역할을 통해 글로벌 AI 거버넌스 형성 과정에서 독특한 입지를 구축할 수 있을 것이다. 개도국에서 선진국으로의 전환 경험은 AI로 인한 글로벌 남북 격차 해소 의제를 주도할 수 있는 중요한 자산이 될 수 있다. 이러한 강점을 바탕으로 포용적인 글로벌 AI 거버넌스 구축에 실질적인 기여를 확대해 간다면, 국제 사회에서 더 큰 영향력을 확보해 나갈 수 있을 것이다.

참고문헌

고학수(2022). 『AI는 차별을 인간에게서 배운다』. 21세기북스.

김명훈(2024). 『인공지능 대전환 시대에 꼭 알아야 할 인공지능 법과 윤리』. 길벗캠퍼스.

대한민국 국회(2024). 인공지능 발전과 신뢰 기반 조성 등에 관한 기본법안(대안). 대한민국 국회 법률정보시스템, https://likms.assembly.go.kr/bill/billDetail.do?billId=PRC_R2V4H1W1T2K5M1O6E4Q9T0V7Q9S0U0

법제처 미래법제혁신기획단(2024). 최신 입법 트렌드: 인공지능(AI) 관련 국내외 법제 동향. ≪법제소식≫ 7월호. 법제처.

이상욱 외(2021). 『AI 윤리의 쟁점과 거버넌스 연구(I, II)』. 유네스코한국위원회·한국법제연구원.

최경진 외(2024). 『인공지능법』. 박영사.

Kim, D.(2021). Chatbot gone awry starts conversations about AI ethics in South Korea. The Diplomat, https://thediplomat.com/2021/01/chatbot-gone-awry-starts-conversations-about-ai-ethics-in-south-korea/

Korea Economic Institute of America(2024). Timeline of the South Korean government's AI efforts. The Peninsula. https://keia.org/the-peninsula/timeline-of-the-south-korean-governments-ai-efforts/

Min, K.(2024). United Korean AI Act bill: Contents in comparison with the EU AI Act. https://www.linkedin.com/pulse/united-korean-ai-act-bill-contents-comparison-eu-english-min-h98kc/

Park, D. H., et al.(2024). A tough balancing act: The evolving AI governance in korea. *East asian science, technology and society: an international journal*, 18(2), 135-154.

The Legal 500(2024). Doing business in South Korea. Kim & Chang. https://www.legal500.com/doing-business-in/south-korea/

Tortoise Media(2024). *Global AI.* Tortoise Intelligence, https://www.tortoisemedia.com/intelligence/global-ai0

White & Case LLP(2024). *AI Watch: Global regulatory tracker—South Korea.* https://www.whitecase.com/insight-our-thinking/ai-watch-global-regulatory-tracker-south-korea

05
아프리카, 성장지향 규제공백

아프리카는 기술 · 제도적 한계에도 불구하고, AI를 통한 사회 경제적 발전을 추구하고 있다. 2024년 아프리카연합은 이러한 노력의 일환으로 AI 활용 극대화와 위험관리 방안 등을 담은 '대륙 AI 전략'을 발표했다. 그러나 전문 인력 부족과 미흡한 실행력은 한계로 지적되며, 이는 글로벌 AI 거버넌스 형성 과정에서 아프리카의 영향력을 제약하는 요인이 되고 있다.

AI와 아이돌?

AI를 바라보는 아프리카의 기대

아프리카의 AI 경쟁력은 기술 역량과 제도적 기반 측면에서 글로벌 수준에 비해 크게 뒤떨어져 있다. 대다수 국가는 기술 개발과 거버넌스 구축에서 세계 평균 수준에 도달하지 못하고 있으며, 아프리카 대륙 내에서도 국가 간 차이가 뚜렷하다. 이는 열악한 디지털 인프라와 연구개발 투자의 한계, AI 전문 인력 부족과 같은 구조적 문제가 복합적으로 작용한 결과다. 특히 불안정한 네트워크 인프라와 높은 인터넷 접속 비용은 AI 기술 개발과 활용을 어렵게 만드는 주요 요인이 되고 있으며, AI 교육과 연구를 위한 제도적 기반도 아직 충분히 갖춰지지 않은 상황이다.

그러나 이러한 구조적 한계에도 불구하고 아프리카는 AI를 새로운 경제 성장과 사회 발전의 동력으로 주목하고 있다. 2050년까지 인구가 두 배로 증가할 것으로 예상되는 상황에서, AI는 급증하는 인구로 인한 다양한 사회 경제적 과제를 해결할 수 있는 혁신 수단이 되어 줄 것으로 기대되기 때문이다. 실제로 아프리카는 AI 기술을 통해 농업 생산성 향상, 의료 서비스 접근성 개선, 교육 격차 해소, 에너지 시스템 효율화와 같은 핵심 발전 과제를 해결하기 위해 노력하고 있다. 하지만 이러한 기술 도입을 뒷받침할 규범과 제도는 아직 초기 단계 수준에 머물러 있어, AI의 부적절한 활용과 불균형한 혜택 분배가 기존의 사회 경제적 격차를 더욱 심화시킬 수도 있다는 우려가 제기되고 있다.

아프리카 AI 거버넌스의 변화와 지속

아프리카 AI 거버넌스는 국가 및 대륙 차원의 두 축을 중심으로 발전하고 있다. 2018년 모리셔스가 아프리카 최초로 국가 AI 전략을 수립했고, 이후 이집트, 르완다, 베냉 등이 잇따라 자국의 AI 전략을 발표하며 국가 차원에서 정책적 기반이 마련되기 시작했다. 그러나 현재까지도 아프리카 대다수 국가는 공식적인 AI 전략을 수립하지 못해 AI 기술의 도입과 활용이 체계적으로 이루어지지 못하고 있다. 이러한 한계를 극복하기 위해 아프리카 연합(AU, Africa Union)은 대륙 차원의 통합적 접근을 시도했으며, 2024년 7월 AU 집행위원회가 아프리카 '대륙 AI 전략(Continental AI Strategy)'을 공식 승인함으로써 아프리카 전역을 아우르는 AI 거버넌스의 토대가 마련되었다.

아프리카 AI 거버넌스의 발전 과정에서는 몇 가지 일관된 특징이 나타난다. 우선 아프리카는 대륙의 낙후된 발전 과제를 해결하기 위한 성장 지향적 접근을 강조해 왔다. 또한 외부 의존도를 낮추기 위한 지역 차원의 AI 역량 강화와 대륙 차원의 협력 및 통합된 전략 수립을 중요한 원칙으로 추구해 왔다.

반면 거버넌스의 형태와 범위는 시간이 흐르며 변화했다. AI 기술이 급속히 발전하고 그 영향력이 국경을 넘어서면서, 개별 국가 차원의 접근은 대륙 차원의 공동 대응으로 확장되었다. 또한 AI 기술의 잠재적 위험성이 부각되면서 윤리 원칙과 규제 프레임워크가 강화되었으며, 거버넌스의 실효성을 높이기 위한 구체적 이행 계획과 모니터링 체계도 제안되었다. 그러나 대다수 아프리카 국가는 여전히 AI 혁신을 추격하고 활용을 극대화하는 정책에 우선순위를 두고 있어, 위험관리를 위한 제도적 장치는 미흡한 실정이다.

성장을 위한 청사진, 대륙 AI 전략

2024년 7월 AU 집행위원회가 대륙 AI 전략을 승인하면서 아프리카의 AI 거버넌스는 중요한 전환점을 맞이했다. 이 전략은 AI 기술의 이점 활용, 역량 구축, 위험 최소화, 투자 촉진, 협력 강화라는 다섯 가지 영역을 핵심축으로 삼고, 아프리카가 당면한 사회 경제적 과제 해결에 중점을 두고 있다. 특히 AI를 통해 식량 안보를 강화하고, 보건 의료 체계를 개선하며, 양질의 교육 기회를 확대하는 등 실질적인 성과를 달성하고자 하는 실용적 접근을 강조하고 있다.

전략 실행은 단계적으로 추진될 예정이다. 우선 2025~2026년에 시행되는 1단계에서는 거버넌스 구조 확립, 국가별 AI 전략 수립, 자원 동원에 주력한다. 이후 2027년 중간 검토를 거쳐 2028년부터 시작되는 2단계에서는 핵심 프로젝트와 활동을 본격적으로 실행할 예정이다. 이러한 단계별 접근은 AI 도입의 효율성을 높이고 회원국 간 조화로운 발전을 이루기 위해 마련되었다.

대륙 AI 전략에서 데이터 거버넌스는 특히 중요한 위치를 차지한다. AU는 회원국들에게 데이터 보호, 프라이버시, 데이터 품질 관리를 중심으로 한 국가 데이터 전략 수립을 권고하고 있다. 또한 국가 간 데이터 전송 원활화와 지역 데이터 생태계 구축을 통해 AI 기술이 아프리카 발전에 기여할 수 있는 토대를 만들기를 기대하고 있다.

이러한 전략을 실행하기 위해 AU는 다층적 거버넌스 체계 구축을 추진하고 있다. 각 회원국은 AI 개발과 활용을 촉진하면서도 기본적인 표준을 준수할 수 있도록 하는 독립 기관을 설립할 예정이다. 또한 대규모 AI 시스템의 효율적 도입을 지원할 지역 독립 AI 위원회와 AI 관련 연구와 기술 지원을 제공할 AI 자문위원회도 설립될 예정이다.

아프리카 AI 거버넌스는 윤리적 가이드라인을 포함하고 있으나, 그 본질은 AI를 통한 실질적인 사회 경제적 발전에 있다. 산업 생산성 향상, 공공 서비스 효율화, 에너지 시스템 최적화 등 다양한 분야에서 AI 기술을 적극 활용함으로써 대륙의 지속 가능한 성장에 방점을 두고 있기 때문이다. 아프리카가 직면한 발전 과제를 해결하기 위한 이러한 성장 지향적 접근은 아프리카 AI 거버넌스의 성격을 특징짓는 키워드라고 할 수 있다.

주목할 만한 점은 아프리카 AI 거버넌스가 지역 협력과 글로벌 참여를 동시에 강조하고 있다는 것이다. AU는 회원국 간 AI 전문 지식과 모범 사례 공유를 위한 메커니즘을 구축하는 한편, UN, 주요 20개국(G20) 등 국제기구의 AI 거버넌스 논의에도 적극적으로 참여하고 있다. 이는 아프리카의 AI 발전이 고립된 것이 아닌 글로벌 AI 생태계의 일부로서 이루어져야 한다는 인식을 반영한다.

아프리카 AI 거버넌스의 한계

아프리카 AI 거버넌스 발전을 위해서는 다양한 문제를 해결해야 하지만 최우선 과제는 전문성과 실행력 강화라고 할 수 있다. AI 정책과 규범을 수립하고 실행하려면 기술에 대한 깊은 이해와 전문성이 필수지만, 현재 아프리카 대다수 국가의 정책 입안자들은 이러한 전문성을 충분히 갖추지 못한 것으로 평가받고 있다. 이러한 한계는 2024년 AU의 대륙 AI 전략 수립 과정에서도 드러났다. AU는 전략 수립을 위해 UNESCO의 기술 및 재정 지원을 받아야 했고, UN과 다양한 국제기구의 도움을 필요로 했다. AI 전문 인력 부족으로 기술 자문 패널 구성이나 정부 내 전문 직책 신설도 어려운 상황이며, 이는 결과적으로 AI 규범이 실질적인 정책으로 구체화되거나 효과적으로 실행되는 것을 가로막는 요인이 되고 있다.

AI 거버넌스의 실행력 부재는 실효성 문제로도 이어진다. 아프리카 AI 거버넌스는 데이터 보호와 알고리즘 편향성에 관한 주요 이슈를 다루고 있지만, 이를 실현할 구체적인 메커니즘이 부족한 상황이다. 이 문제는 특히 외국 AI 기업의 데이터 활용 과정에서 두드러지게 나타난다. 현재 아프리카는 해외 기업의 데이터 수집과 활용을 효과적으로 규제하지 못하고 있으며, 이로 인해 많은 기업이 현지 이익과 윤리적 고려 사항을 간과한 채 아프리카의 데이터를 활용하고 있다. 이는 아프리카의 데이터 주권을 위협할 뿐만 아니라, AI 기술의 공정한 활용이라는 측면에서도 우려를 낳고 있다.

AI 거버넌스는 아프리카의 구조적 불평등 문제와도 맞닿아 있다. 디지털 인프라 부족과 높은 인터넷 이용 비용으로 인해 AI 기술 혜택이 일부 계층에만 돌아갈 위험이 크며, 이는 기존의 사회 경제적 격차를 더욱 심화할 수 있기 때문이다. 더욱이 아프리카 국가들 간에도 AI 규범과 정책 수준에 상당한 차이가 존재해, 대륙 차원의 통합된 AI 거버넌스 구축 및 실행에는 앞으로도 난관이 예상된다.

마지막으로 AU는 EU와 달리 회원국 전체에 걸쳐 정책과 법률을 시행할 강제력이 없다. 따라서 대륙 AI 전략의 성공적 이행 여부는 각 회원국이 대륙 AI 전략과 자국 발전 목표의 우선순위에 맞는 국가 AI 정책과 법률을 얼마나 효과적으로 개발하고 실행하는지에 달려 있다.

글로벌 AI 거버넌스의 변수가 될 수 있을까

아프리카의 AI 기술 역량과 거버넌스 강화는 독자적인 노력만으로는 달성하기 어려운 과제다. AI 인프라 구축,

데이터 생태계 정비, AI 규제 체계 수립, 전문 인력 양성 등 아프리카가 직면한 도전 과제는 상당한 자원과 전문성을 필요로 한다. 따라서 아프리카는 AI 역량 발전과 규범 수립을 위해 국제 사회의 지원과 협력을 요청할 수밖에 없는 상황이며, 앞으로도 글로벌 AI 발전 과정에서 나타나는 불평등과 격차 문제를 지속적으로 제기하고 국제 사회의 관심을 환기시킬 것으로 예상된다.

이러한 아프리카의 목소리는 글로벌 AI 거버넌스 수립 과정에서 중요한 축으로 자리 잡을 것으로 보인다. 디지털 격차와 기술 불평등은 아프리카만의 문제가 아닌 글로벌 이슈이며, 최근 글로벌 AI 거버넌스 논의에서 포용성이 주요 화두로 부상하고 있다는 점이 이를 뒷받침한다. 특히 중국이 전략적으로 아프리카와 AI 협력을 강화하고 있고, 글로벌 테크 기업들도 아프리카의 데이터와 인력을 지속적으로 활용하려는 움직임을 보이고 있어, 아프리카에 대한 지원과 협력은 글로벌 AI 거버넌스 논의의 핵심 의제로 자리 잡을 가능성이 크다.

그러나 아프리카의 AI 거버넌스 미래는 궁극적으로 아프리카 스스로의 단합된 대응에 달려 있다고 할 수 있다. 개별 국가 차원에서는 선진국이나 글로벌 기업과의 협상에서 충분한 영향력을 발휘하기 어렵지만, AU를 중심으로 한 단일한 목소리는 아프리카의 이익을 보호하고 유리한 협상력을 확보하는 데 결정적인 역할을 할 수 있기 때문이다. 특히 데이터 주권 보호와 AI 기술의 공정한 활용을 위해서는 아프리카 국가들 간 긴밀한 협력이 필수다. 결국 글로벌 AI 거버넌스 형성 과정에서 아프리카의 이익을 확보할 수 있을지 여부는 대륙 차원의 단합된 움직임을 얼마나 효과적으로 이끌어 내느냐에 달려 있다고 볼 수 있다.

참고문헌

Adams, R.(2022). *AI in africa: Key concerns and policy considerations for the future of the continent*. Berlin, Germany: Africa Policy Research Institute.

African Union(2024). African Union committed to developing AI capabilities in Africa. African Union Press Releases, https://au.int/en/pressreleases/20240828/african-union-committed-developing-ai-capabilities-africa

African Union Commission(2024). *Continental artificial intelligence strategy: Harnessing AI for africa's development and prosperity*. Addis Ababa, Ethiopia: African Union Commission.

African Union Commission & OECD Development Centre(2024). *Africa's development dynamics 2024: Skills, jobs and productivity*. OECD Publishing.

Anthony, A., et al.(2024). From the margins to the center: Africa's role in shaping AI governance. World Bank Blogs, https://blogs.worldbank.org/en/governance/from-the-margins-to-the-center--africa-s-role-in-shaping-ai-gove

Azeroual, F.(2024). *Artificial intelligence in africa: Challenges and opportunities.* Policy Center for the New South.

Cloete, F.(2024). Governing artificial intelligence(AI) and other technologies in the digital era. *Administratio publica*, 32(1), 1-30.

Etori, N. A., et al.(2024). Double-edged sword: Navigating AI opportunities and the risk of digital colonization in Africa. *MWAIS 2024 proceedings*, 25, 1-10.

ICTworks(2024). How African countries govern artificial intelligence. ICTworks, https://www.ictworks.org/african-countries-govern-artificial-intelligence/

Jaldi, A.(2023). *Artificial intelligence revolution in Africa: Economic opportunities and legal challenges.* Rabat, Morocco: Policy Center for the New South.

Johnstone(2023). African countries rank lowest on the AI readiness index globally. The Condia, https://thecondia.com/nigeria-ranks-lowest-ai-readiness/

Keene, C., et al.(2024). *AI for inclusive development in africa—part I: Governance.* Deloitte.

Musoni, M.(2024). *Envisioning africa's AI governance landscape 2024.* European Centre for Development Policy Management(ECDPM), https://ecdpm.org/work/envisioning-africas-ai-governance-landscape-2024

Okolo, C. T., et al.(2023). *Responsible AI in africa—Challenges*

and opportunities. Cham: Palgrave Macmillan.
Okolo, C. T.(2024). *How AI is impacting policy processes and outcomes in africa.* Brookings Institution, https://www.brookings.edu/articles/how-ai-is-impacting-policy-processes-and-outcomes-in-africa/
Okolo, C. T.(2024). *Reforming data regulation to advance AI governance in africa.* Brookings Institution, https://www.brookings.edu/articles/reforming-data-regulation-to-advance-ai-governance-in-africa/
Tsanni, A.(2024). Africa's AI regulation: How the AU is shaping artificial intelligence policy. MIT Technology Review, https://www.technologyreview.com/2024/03/15/1089844/africa-ai-artificial-intelligence-regulation-au-policy/
Walter, Y.(2024). Managing the race to the moon: Global policy and governance in artificial intelligence regulation—A contemporary overview and an analysis of socioeconomic consequences. *Discover artificial intelligence*, 4, Article 14.

06
UN과 국제기구, 포용지향 국제협력

UN과 국제기구는 평화, 인권, 발전이라는 핵심 가치를 중심으로 인류 공동의 번영을 위한 AI 거버넌스 체계를 구축하기 위해 노력하고 있다. 그러나 이들이 수립한 주요 규범은 법적 구속력이 부족하며, 기구 간 협력도 충분히 이루어지고 있지 않아 보편적 거버넌스 수립에는 한계를 보이고 있다. 향후 UN의 역할은 디지털 격차 해소와 같이 국제 사회의 이해관계가 수렴되는 분야를 중심으로 확대될 전망이다.

AI와 야구?

인류 공동의 미래와 UN의 AI 거버넌스

UN과 국제기구는 제2차 세계대전 이후 인류 평화와 안전을 보장하기 위한 글로벌 거버넌스의 핵심 축으로 자리 잡았다. 이들은 설립 초기부터 과학 기술 발전이 인류에게 미치는 이중적 영향에 주목했으며, 특히 냉전 시기 핵확산금지조약(NPT)의 성공적 체결을 이끌며 첨단 기술의 평화적 활용을 담보하는 국제 규범 수립 선례를 만든 바 있다. 이러한 경험은 21세기 AI 시대를 맞아 더욱 중요한 의미를 갖는다. AI 기술이 국가와 사회 전반에 미치는 영향이 심화되는 상황에서, 국제 사회는 그 혜택은 극대화하고 위험은 최소화하는 포용적이고 견고한 거버넌스 체계 구축을 절실히 필요로 하고 있기 때문이다.

이러한 맥락에서 UN과 국제기구는 AI 거버넌스에 대한 다자주의적 접근의 중요성을 강조한다. 이는 특정 국가나 기업의 배타적 주도가 아닌, 선진국과 개발도상국은 물론 시민사회, 학계, 기업을 포괄하는 다중 이해관계자 협력 체계를 통해 AI 기술이 인류의 지속 가능한 발전과 공동 번영에 기여하도록 하기 위한 것이다. AI 기술이 지닌 혁신적 잠재력과 초국경적 파급 효과를 고려할 때, 이러한 포용적 접근은 단순한 기술 표준의 수립을 넘어 인류 공동의 미래를 설계하는 중요한 협력의 틀로서 그 의미를 가진다.

UN과 국제기구의 AI 거버넌스 진화

UN 시스템의 AI 거버넌스 논의는 신기술이 초래할 수 있는 잠재적 위험을 선제적으로 대응하는 차원에서 발전해 왔다. 2014년부터 UN은 특정재래식무기금지협약(CCW) 체제 내에서 치명적 자율살상무기시스템(LAWS)에 대한 규범적 논의를 시작했으며, 이후 AI 기술의 급속한 확산과 함께 논의 범위가 확대되었다. 특히 2021년 UNESCO가 채택한 'AI 윤리 권고'는 인권, 포용성, 지속가능성이라는 UN의 핵심 가치를 포함하는 AI의 윤리적 개발과 활용 기준을 제시했으며, 2023년 UN AI 자문 기구의 『인류를 위한 AI 거버넌스』 보고서는 이를 더욱 구체화하여 국제 거버넌스 프레임워크 수립을 위한 지침을 마련했다. 이러한 흐름은 2024년 UN 총회의 '안전하고 신뢰할 수 있는 AI 시스템 촉진 결의안' 및 디지털 기술의 포용적 발전을 위한 '글로벌 디지털 협약(Global Digital Compact)' 채택으로 이어졌다.

UN 시스템 밖의 국제기구도 글로벌 AI 거버넌스 수립에 적극적인 역할을 담당하고 있다. OECD는 2019년 'AI 원칙' 발표를 통해 기술 · 윤리 기준의 토대를 마련했으며, 이를 실행에 옮기기 위해 2020년에는 15개국이 참여하는 글로벌 AI 파트너십(GPAI)을 설립했다. 또한 2023년 주요 7개국(G7)은 '히로시마 AI 프로세스'를 통해 선진국 간 협력을 강화했고, 브릭스(BRICS)는 'AI 연구 그룹'을 결성하며 신흥국들의 공동 대응을 모색했다. 같은 해 세계경제포럼(WEF)이 설립한 AI 거버넌스 연합(AIGA)은 정부와 기업, 학계, 시민사회를 연결하는 새로운 플랫폼으로 자리 잡았다. 더불어 2024년에는 유럽평의회가 'AI 조약'을 통해 인권, 민주주의, 법치주의 원칙에 기반한 AI 개발과 활용에 대한 구체적 기준을 제시했으며, 서울에서 개최된 '인공지능의 책임 있는 군사적 이용에 관한 고위급 회의(REAIM)'에서는 AI 군사 활용에 관한 합의가 도출되며 국제 AI 규범의 제도화를 위한 노력이 한층 강화되었다.

한편 2022년 이후 생성형 AI 등장과 함께 AI 기술의 급속한 발전이 가져올 수 있는 잠재적 위험에 대한 우려가 커지면서, 각 국제기구는 보다 신속하고 적극적인 대응에 나서고 있다. 특히 AI가 사회 전반에 미치는 영향력이 확대되면서, UN과 국제기구는 자신들의 전문 영역과 네트워크를 활용한 AI 거버넌스를 독자적으로 발전시키고 있다. 이러한 개별적 접근은 각 기구의 전문성과 경험을 AI 거버넌스에 효과적으로 접목할 수 있다는 장점이 있으나, 향후 통합적이고 일관된 글로벌 거버넌스 체계 구축을 위한 기구 간 협력과 조정의 필요성도 제기되고 있다.

UN AI 거버넌스의 3대 축, 평화·인권·발전

UN과 국제기구의 AI 거버넌스는 광범위한 영역에서 논의되고 있다. 이를 체계적으로 이해하기 위해서는 UN의 3대 사명인 평화, 인권, 발전의 맥락에서 살펴볼 필요가 있다. UN의 AI 규범은 대부분 평화, 인권, 발전 요소를 모두 포함하고 있지만, 각 규범이 어디에 무게 중심을 두고 있는지 파악하는 것은 UN과 국제기구가 추구하는 AI 거버넌스의 본질과 지향점을 이해하는 데 도움이 될 수 있다.

UN의 AI 거버넌스 논의에서 평화 분야는 치명적 자율 무기시스템(LAWS) 규제에 초점이 맞춰져 있다. 특정재래식무기금지협약(CCW)은 2014년부터 LAWS의 국제 규제 체계 마련을 위한 논의를 진행해 왔으며, UN 사무총장은 2026년까지 인간의 의미 있는 통제가 없는 LAWS를 금지하는 법적 구속력을 가진 문서 채택을 촉구하고 있다. UN은 AI 기반 무기 시스템에서 인간의 통제를 보장하고 국제인도법 원칙을 준수하도록 하는 것을 핵심 의제로 삼고 있다.

인권 측면에 특별한 관심을 둔 UN의 노력도 주목할 필요가 있다. 2021년 UNESCO가 채택한 'AI 윤리 권고'는 AI 개발과 활용 과정에서 인권 존중, 차별 금지, 프라이버시 보호를 핵심 원칙으로 제시했다. 이러한 원칙은 2023년 UNESCO의 AI 윤리영향평가와 UN 인권이사회의 '신기술과 인권' 결의안을 통해 보다 구체화되었으며, 2024년 9월 UN 고위급 AI 자문 기구의 『인류를 위한 AI 거버넌스』 최종 보고서에서는 국제인권법과의 연계, AI 표준 교환 플랫폼 구축, 글로벌 데이터 프레임워크 개발 등 실질적인 이행 방안으로 발전되었다.

발전적 측면이 두드러진 성과로는 2024년 9월 유엔 미래정상회의에서 채택된 '글로벌 디지털 협약'을 들 수 있다. 이 협약은 디지털 격차 해소와 포용적 성장을 핵심 과제로 설정하고, 개발도상국의 디지털 기술 접근성 향상과 역량 강화를 위한 협력 방안을 제시하고 있다. 특히 의료, 교육, 농업 등 핵심 분야에서 AI 기술을 활용한 지속가능발전목표(SDGs) 달성 방안을 구체화하기 위해 노력했다는 점에서 의미가 있다.

이러한 규범의 실효성 제고를 위해 UN은 국제 과학

패널 구성, 다자간 협력 강화, 이해관계자 참여 확대 등을 포함한 일곱 가지 실행 방안을 제시했다. 또한 AI 기업에게 시스템의 투명성과 책임성 강화, 잠재적 피해 방지를 위한 안전장치 구축을 요구하며 민간 부문의 적극적인 참여를 촉구하고 있다.

UN은 이처럼 개별 영역의 거버넌스 논의에서는 특정 주제를 강조하지만, 궁극적으로는 AI 기술이 인류의 평화와 번영에 기여하도록 하는 것에 공동의 목표를 두고 있다. 이를 위해 UN은 기존 기관의 전문성을 활용하면서도 필요한 경우 새로운 제도적 장치를 마련하며 유연한 접근을 취하고 있다. 이러한 복합적이고 다면적인 접근 방식은 AI 기술이 제기하는 도전 과제에 효과적으로 대응하면서도, 그 혜택이 인류 공동의 이익으로 이어지도록 하려는 노력의 일환이라고 할 수 있다.

UN과 국제기구의 한계

UN과 국제기구의 AI 거버넌스는 실효성 확보에 여러 현실적 한계를 보이고 있다. 우선 UNESCO의 'AI 윤리 권고'나 UN의 '글로벌 디지털 협약'과 같은 주요 규범은 법적 구속력이 없어, 이행 여부는 회원국들의 자발적 참여에 의존하는 상황이다. 이러한 문제는 AI 기술이 국가의 경제적, 군사적 경쟁력을 좌우하는 핵심 요소로 부상하면서, 많은 국가가 규범 준수보다 기술 발전을 우선시하는 경향을 보이고 있어 앞으로 더욱 큰 과제가 될 전망이다.

국제기구 간 조정과 협력 강화도 중요한 과제다. UN, UNESCO, OECD 등 주요 국제기구는 각자의 전문 영역에서 AI 거버넌스 체계 구축에 기여하고 있으나, 이들 간의 유기적 협력을 통한 시너지 효과는 아직 충분하게 나타나고 있지 않다. 특히 각 기구가 정부, 기업, 시민사회 등 다양한 이해관계자와의 협력은 적극적으로 추진하면서도, 정작 국제기구 간 통합적 거버넌스 개발을 위한 노력에는 상대적으로 소극적인 모습을 보이고 있다. 이는 제한된 자원의 효율적 활용을 저해하고 의제의 중복된 논의를 초래할 뿐만 아니라, 일관성 있는 AI 거버넌스 체계 구축과 실질적 이행 메커니즘를 마련하는 데도 어려움을 가중시키고 있다.

UN 시스템 외 국제기구들의 한계도 있다. OECD는 AI 거버넌스 분야에서 상당한 기술 · 정책적 전문성을 보유하고 있으나, 글로벌 AI 경쟁력 2위 국가인 중국을 비롯한 다수의 국가들이 회원국에 포함되어 있지 않아 글로벌 보편성 확보에 근본적인 어려움이 있다. G7, G20, BRICS, 유럽평의회 또한 제한된 회원국 구성으로 인해 글로벌 거버넌스로서 대표성과 정당성을 확보하기에는 한계가 있다.

UN과 국제기구의 AI 거버넌스 전망

UN과 국제기구의 AI 거버넌스는 단기적으로는 디지털 격차 해소와 같은 포용성 이슈를 중심으로 발전될 것으로 예상된다. 2030년까지 국제 사회가 달성하기로 합의한 SDGs는 UN의 최우선 과제이며, AI 기술이 SDGs 달성을 위한 핵심 수단으로 주목받고 있기 때문이다. 또한 AI를 활용한 글로벌 격차 해소는 선진국과 개발도상국의 이해관계가 비교적 일치하는 분야이기도 하다. 선진국과 글로벌 AI 기업들은 개발도상국의 디지털 인프라 구축과 역량 강화 지원을 통해 새로운 시장을 확보할 수 있으며, 개발도상국은 AI 기술 접근성 향상과 자체 역량 강화라는 실질적 혜택을 얻을 수 있기 때문이다. 반면, AI 기반 자율무기 통제나 인권 보호 같은 규제적 이슈는 AI 주도국의 기술 개발을 제한하거나 국가 간 이해관계 대립을 수반할 수 있다는 점에서 단기간 내 합의를 이끌어 내기는 어려울 것이다.

한편 글로벌 AI 거버넌스 체계는 새로운 국제기구 설립보다는 기존 기구들 간의 협력 강화를 통해 발전할 가능성이 클 것으로 예상된다. 새로운 AI 전담 기구 설립은 주도권을 둘러싼 국가 간 갈등과 함께 상당한 시간과 비용을 수반하는 과정이다. 따라서 기존의 UN과 국제기구가 보유한 전문성을 활용하고 이들 간 조정을 강화하는 방식이 AI 기술의 다면적 특성과 현재의 지정학적 상황에 더욱 부합하는 접근이라고 할 수 있다. 특히 OECD의 기술·정책적 전문성, UNESCO의 윤리적 가이드라인, ITU의 기술 표준화 경험 등 각 기구가 지닌 강점이 상호보완적으로 결합된다면, 새로운 기구 설립 없이도 효과적인 글로벌 AI 거버넌스 체계를 구축하는 데 도움이 될 것이다.

참고문헌

유준구(2019). 『자율살상무기(LAWS)체계 규범 창설 논의의 쟁점과 시사점』. 주요국제문제분석. 국립외교원.

Cleeland, B.(2023). *The united nations and AI governance: Charting the path forward.* Geneva, Switzerland: Simon Institute for Longterm Governance.

Coeckelbergh, M.(2024). The case for global governance of AI: Arguments, counter-arguments, and challenges ahead. *AI & society.*

Csernatoni, R.(2024). The AI governance arms race: From summit pageantry to progress? Carnegie Endowment for International Peace, https://carnegieendowment.org/research/2024/10/the-ai-governance-arms-race-from-summit-pageantry-to-progress?lang=en&center=europe

Habuka, H., et al.(2024). *Shaping global AI governance: Enhancements and next steps for the G7 hiroshima AI process.* Center for Strategic and International Studies (CSIS), https://www.csis.org/analysis/shaping-global-ai-governance-enhancements-and-next-steps-g7-hiroshima-ai-process

Hernandez Martinez, D. & Calvillo Cisneros, J. M.(Eds.)(2024). *International relations and technological revolution 4.0.* Cham: Springer.

International Telecommunication Union(2024). *AI governance day 2024 report.* Geneva, Switzerland: ITU.

Kerry, C. F., et al.(2024). Should the UN govern global AI? Brookings Institution, https://www.brookings.edu/articles/should-the-un-govern-global-ai/

Nabil, R.(2024). Global AI governance and the united nations. *Yale journal of international affairs.*

Roberts, H., et al.(2024). Global AI governance: Barriers and pathways forward. *International affairs,* 100(3), 1275-1286.

S. I. Aksoy Ercan & O. Akin(2024). International insights on AI risk: Comparative analysis of international organizations. 2024 8th International Artificial Intelligence and Data Processing Symposium(IDAP), Malatya, Turkiye. 1-8.

Walther, C. C.(2024). The new UN Global Digital Compact: What it is and why we matter. Forbes, https://www.forbes.com/sites/corneliawalther/2024/09/22/the-new-un-global-digital-compact-what-it-is-and-wh y-we-matter/

Zaidan, E. & Ibrahim, I. A.(2024). AI governance in a complex and rapidly changing regulatory landscape: A global perspective. *Humanities and social sciences communications*, 11, Article 1121.

07
AI 정상회의, 의제확대 협력약화

AI 정상회의는 첨단 AI 시스템의 안전 문제에 초점을 맞춰 2023년 출범한 국제협력 플랫폼이다. 정상회의는 출범 1년 여 만에 10개국의 AI 안전연구소 설립을 이끌어 내는 등 가시적인 성과를 만들어 냈다. 그러나 주요국들의 AI 기술 패권 경쟁에 따른 안전성 의제 후퇴와 미국의 소극적 참여 등은 정상회의의 미래를 불투명하게 만들고 있다.

AI와 윤동주?

AI 정상회의의 등장 배경과 특징

2022년 이후 생성형 AI의 급속한 발전과 함께 첨단 AI 시스템(Frontier AI Systems)이 가져올 수 있는 잠재적 위험에 대한 국제 사회의 우려가 고조되었다. 특히 AI 기술의 급격한 발전이 초래할 수 있는 오용, 통제 상실, 사회적 영향 등 새로운 위험은 국제 사회로 하여금 즉각적이고 구체적인 대응 체계를 마련하도록 요구했다. UN과 다양한 국제기구도 AI 관련 논의를 진행해 왔지만, 이들은 190여 개 회원국의 숙의와 동의를 거쳐야 하는 구조적 특성으로 인해 빠르게 진화하는 AI 기술 발전 속도를 따라잡지 못했다. 이러한 배경 아래 영국, 미국, 한국, 프랑스, 일본 등 20여 개 주요국이 중심이 되어 출범한 'AI 정상회의'는 첨단 AI 시스템의 안전 문제에 초점을 맞춘 새로운 국제협력 플랫폼으로서, 기존 국제기구의 한계를 보완할 수 있을 것으로 기대를 모았다.

AI 정상회의는 출범 이후 괄목할 만한 성과를 보여 주었다. 2023년 1차 정상회의 개최 이후 불과 1년 여 만에 10개국에서 AI 안전연구소가 설립되었으며, 글로벌 AI 기업들이 논의 파트너로 참여하여 기술 전문성에 기반한 안전 평가 방법을 모색하는 움직임이 나타났기 때문이다. 이는 단순한 선언적 합의를 넘어 구체적 행동으로 이어지는 새로운 형태의 국제협력 플랫폼으로서 AI 정상회의의 잠재력을 보여 주는 상징적 성과였다.

AI 정상회의, 변화와 지속

AI 정상회의의 명칭과 의제는 회차를 거듭하며 변화해 왔다. 2023년 영국이 개최한 첫 회의인 'AI 안전성 정상회의(AI Safety Summit)'는 첨단 AI 시스템의 안전성에 초점을 맞춰 진행되었다. 이 회의에서는 AI 위험을 식별하기 위한 증거 기반의 과학적 이해를 증진하고, 각국의 상황에 따른 다양한 규제 방식을 인정하면서 상호 협력하겠다는 '블레츨리 선언'이 채택되었다.

이듬해 한국의 'AI 서울 정상회의'에서는 의제가 안전성에 더해 혁신과 포용으로 확장되었으며, 국제 AI 안전연구소 네트워크 구축을 통한 협력 강화 방안을 담은 '서울 선언'이 도출되었다. 2025년 프랑스의 'AI 행동 정상회의(AI Action Summit)'는 한걸음 더 나아가 '공익, 미래 일자리, 혁신과 문화, 신뢰, 글로벌 거버넌스'라는 광범위한 의제를 다루며, 포용성과 지속가능성을 강조하는 선언문을 채택하기에 이르렀다.

정상회의는 의제 확장뿐 아니라 참여국 규모에서도 큰 변화를 보였다. 1차 회의에 약 30개국이 참여했던 것에 비해 3차 회의에서는 약 90개국으로 참가국이 세 배 가까이 증가했다. 특히 AI 행동 정상회의 선언문에 다수의 개발도상국이 참여한 점은 글로벌 AI 거버넌스 논의에서 개발도상국의 목소리가 부상하고 있음을 보여 주는 중요한 변화였다. 그러나 정상회의를 통한 국제협력의 실효성은 점차 약화되는 모순적 상황이 전개되고 있다. 특히 초기 정상회의를 주도했던 미국과 영국이 3차 회의 선언문 채택에 불참했다는 사실은 주목해 봐야 할 부분이다.

미국과 영국의 이러한 태도 변화는 글로벌 AI 거버넌스에 대한 접근법의 근본적 전환을 시사한다. 트럼프 행정부 출범 이후 미국은 다자간 협력보다는 자국 중심의 배타적 AI 리더십을 강화하는 전략으로 선회했으며, 영국은 자국의 이익을 고려하여 미국의 이러한 노선에 전략적으로 동조하는 움직임을 보이고 있기 때문이다.

요컨대 AI 정상회의는 지난 3년간 의제 확장과 참여국 확대라는 외형적 성장을 이루었으나, 실질적인 AI 거버넌스 수립의 잠재력은 오히려 더 낮아지고 있다. 논의 주제가 광범위해지고 참여국이 증가함에 따라 정상회의 초기 핵심 의제였던 '첨단 AI 시스템의 안전성'에 대한 집중도는 분산되었으며, 다양한 국가의 상이한 정치·

경제적 이해관계가 복잡하게 얽히면서 구속력 있는 합의 도출은 더욱 어려운 과제가 되어 가고 있다. 더욱이 치열한 AI 기술 패권 경쟁 속에서 강대국들이 자국의 전략적 이익을 우선시하며, 정상회의는 실질적인 성과보다 상징적인 선언을 채택하는 데 그치고 있다.

그럼에도 불구하고, AI 위험에 대한 과학적 연구와 증거 기반 국제협력의 기조는 꾸준히 유지되고 있다. 예컨대 국제 전문가 그룹이 작성하는 『첨단 AI의 안전성에 관한 국제 과학 보고서』를 중심으로 한 안전성 논의는 여전히 정상회의의 핵심 의제로 유지되고 있다. 이러한 맥락에서 인도에서 개최될 예정인 차기 회의는 AI 정상회의가 실효성 있는 국제 거버넌스 체제로 발전할 수 있을지, 아니면 형식적인 포럼으로 그 의미가 축소될지를 가늠하는 중요한 시금석이 될 것으로 예상된다.

AI 안전연구소의 가능성과 한계

AI 정상회의의 가장 주목할 만한 성과로는 각국의 AI 안전연구소 설립을 꼽을 수 있다. AI 안전연구소는 첨단 AI 시스템의 위험을 평가하고 모니터링하여 공공 안전 및 국가 안보에 대한 위험을 파악하는 것을 목적으로 하는 공적 자금 지원 연구 기관이다. AI 기술의 급속한 발전이 가져올 수 있는 위험에 대한 체계적 대응의 필요성이 커지면서, 2023년 11월 영국을 시작으로 미국, 일본, 싱가포르, 캐나다, 한국 등이 차례로 AI 안전연구소를 설립했으며, 현재 10개국이 연구소를 운영하고 있다.

이러한 국가별 노력은 국제협력 네트워크 구축으로 이어지고 있다. 2024년 11월 샌프란시스코에서 개최된 국제 AI 안전연구소 네트워크 콘퍼런스에서는 미국, 영국, EU, 일본, 싱가포르, 한국, 캐나다, 프랑스, 케냐, 호주 등 10개국이 참여하여 AI 안전 과학 공동 연구, 첨단 AI 모델 테스트 모범 사례 구축, 공동 AI 안전 가이드라인 개발, 신뢰할 수 있는 AI의 포용적 혜택 증진 등 네 개 분야에서 우선 협력하기로 합의했다. 이는 AI 안전연구소가 단순한 국가별 연구 기관에 머무는 것이 아니라 국제적인 AI 안전 규범 형성의 핵심 주체로 발전해 나갈 수 있는 가능성을 보여 주는 것이라고 할 수 있다.

비록 중국이 이 네트워크에 참여하지는 않았지만, 2024년 9월 베이징 AI 안전 및 거버넌스 연구소를 출범시킨 것은 주목할 만하다. 중국의 국제 AI 윤리 및 거버넌스 연구 센터와 중국과학원이 주도하고 칭화대 및 베이징대와 협력하는 이 연구소는 AI 윤리와 안전 정책, 위험 모니터링, 평가 도구 개발에 주력하고 있다. 특히 산업계의 자율규제와 정부 감독 체계를 연계하는 AI 안전연구 접근법은 국제 AI 안전연구소 네트워크가 추구하는 공공-민간 협력 모델과 일부 유사한 측면이 있어, AI 거버넌스 체계의 차이에도 불구하고 향후 제한적인 협력의 접점을 제공할 가능성도 있다.

이처럼 AI 안전연구소는 국가적 차원의 AI 안전성 확보와 국제협력의 교두보 역할을 동시에 수행하고 있다. 특히 AI를 실질적으로 개발하고 규제할 수 있는 역량을 가진 국가들이 전 세계적으로 소수에 불과한 상황에서, 이들 대부분이 AI 안전연구소를 설립했다는 점은 중요한 의미를 갖는다. 더욱이 기술 발전 속도가 규제와 정책 대응 속도를 훨씬 앞서가는 AI 분야에서, 각국 연구소가 함께 유연하고 신속한 대응을 모색하기로 한 것은 기존의 글로벌 AI 거버넌스 논의에 새로운 전기를 마련할 수 있을 것으로 기대된다.

AI 정상회의의 도전과 한계

AI 정상회의와 AI 안전연구소는 지지부진했던 글로벌 AI 거버넌스 수립 과정에 새로운 돌파구를 제공할 것으로 기대되었으나, 현재 여러 구조적 한계와 지정학적 도전에 직면해 있다.

AI 정상회의의 가장 큰 취약점은 핵심 국가들의 전략적 이해관계 변화에 있다. 바이든 행정부 시기 미국은 동맹국 및 국제기구와 협력을 통해 자국에 유리하면서도 동맹국과 이익을 공유하는 방식으로 글로벌 AI 거버넌스를 구축하고자 했다. 그러나 트럼프 행정부는 다자간 협력 체제보다 '미국 우선주의'에 기반한 양자적 접근을 선호하는 방향으로 선회했으며, 2025년 AI 행동 정상회의 선언문 불참은 이러한 패러다임 변화를 명확히 보여주는 사건이라고 할 수 있다.

또한, 트럼프 대통령 취임 직후 바이든 정부의 'AI 안전성 행정 명령'이 철회되면서 미국 AI 안전연구소의 법적 기반이 사라졌다는 점도 눈여겨볼 부분이다. AI 안전연구소의 모체인 미국 국립표준기술연구소(NIST)는 최대 500여 명의 인력 감축과 예산 삭감에 직면하게 되었으며, 2025년 2월 AI 안전연구소 소장의 사임으로 리더십 공백까지 발생했다. 미국이 영국, 한국, 일본, 캐나다 등과 함께 국제 AI 안전연구소 네트워크 설립을 주도했던 핵심 국가였다는 점을 고려할 때, 이러한 미국의 후퇴는 전체 네트워크의 결속력과 지속가능성을 크게 약화시키는 결과를 가져올 것으로 예상된다.

한편, 영국이 2025년 2월 자국의 AI 안전연구소를 'AI

안보연구소(AI Security Institute)'로 변경한 것 역시 단순한 명칭 변경 이상의 의미를 갖는다. 안전이 포괄적인 위험 예방과 관리에 중점을 두는 반면, 안보는 적대적 위협에 대한 방어에 초점을 맞춘 개념이기 때문이다. 이러한 전환은 초기 정상회의가 추구했던 협력적 국제 거버넌스가 국익 우선의 경쟁·방어적 방향으로 전환될 수 있음을 시사하며, 미국의 정책 변화와 맞물려 글로벌 AI 규범 형성의 궤도 자체가 변화할 가능성이 있음을 보여주는 신호로 해석할 수 있다.

매년 주최국을 바꾸어 가는 운영 방식도 정상회의의 한계로 지적된다. 이러한 방식은 의제의 연속성과 일관성을 저해하는데, 실제로 지난 3년간 정상회의의 의제는 점차 확대되면서 초기에 핵심 의제로 강조되었던 안전성에 대한 집중도가 분산되었다.

AI 정상회의의 미래

2025년 말 이후 인도가 주최하는 제4차 AI 정상회의는 선진국 중심으로 형성되어 온 글로벌 AI 거버넌스 담론이 다극화되는 계기가 될 수 있을 것으로 전망된다. 그간 세 차례 정상회의를 거치며 개발도상국의 참여는 점차 확대되었으며, 인도의 의장국 역할은 이러한 추세를 더욱 강화하게 될 것이다. 이에 따라 차기 정상회의에서는 디지털 격차 해소와 AI 기술 접근성 향상 등 포용성 관련 의제가 더욱 부각될 가능성이 높다.

그러나 이러한 변화는 역설적으로 AI 기술 선도국의 참여 동기를 약화시킬 수 있다. 이들 국가는 자국의 기술적 우위와 경제적 이익을 유지하려는 경향이 강하며, 개발도상국 주도의 의제가 자국 이익과 상충될 경우 더욱 소극적인 태도를 보일 가능성이 높다. AI 정책 형성과 집행에 대한 국가 주권이 여전히 강하게 작용하는 상황에서, 각국의 기술·경제적 이해관계가 첨예하게 대립할수록 정상회의를 통한 구속력 있는 글로벌 AI 규범 도출은 더욱 요원해질 것이다.

참고문헌

유재홍 외(2024). 『해외 AI안전연구소 추진 현황과 시사점』. 이슈리포트 IS-175. 소프트웨어정책연구소.

Allen, G. C. & Adamson, G.(2024). *The AI safety institute international network: Next steps and recommendations.* Center for Strategic and International Studies(CSIS), https://www.csis.org/analysis/ai-safety-institute-international-network-next-steps-and-recommendations

Bengio, Y., et al.(2024). *International scientific report on the safety of advanced AI: Interim report.* London, United

Kingdom: Department for Science, Innovation and Technology.
https://assets.publishing.service.gov.uk/media/6716673b96def6d27a4c9b24/international_scientific_report_on_the_safety_of_advanced_ai_interim_report.pdf

Burki, T.(2024). Crossing the frontier: The first global AI safety summit. *The lancet digital health*, 6(2), e91-e92.

Csernatoni, R.(2024). The AI governance arms race: From summit pageantry to progress? Carnegie Endowment for International Peace,
https://carnegieendowment.org/research/2024/10/the-ai-governance-arms-race-from-summit-pageantry-to-progress?lang=en&center=europe

Leslie, D. & Perini, A. M.(2024). Future shock: Generative AI and the international AI policy and governance crisis. *Harvard data science review*, Special Issue 5.

PauseAI(2025). Why we need AI Safety Summits. Retrieved from https://pauseai.info/summit

Petropoulos, A.(2024). The AI Safety Institute Network: Who, What and How? Centre for Future Generations.
https://cfg.eu/the-ai-safety-institute-network-who-what-and-how/

Pouget, H.(2024). France's AI Summit Is a Chance to Reshape Global Narratives on AI. Carnegie Endowment for International Peace,
https://carnegieendowment.org/posts/2024/07/france-ai-summit-reshape-global-narrative?lang=en

Sculley, D., et al.(2015). Hidden technical debt in machine learning systems. *Communications of the ACM*, 62(2),

60-69.

U.S. Department of Commerce(2024). FACT SHEET: U.S. Department of Commerce & U.S. Department of State Launch the International Network of AI Safety Institutes at Inaugural Convening in San Francisco. U.S. Department of Commerce, https://www.commerce.gov/news/fact-sheets/2024/11/fact-sheet-us-department-commerce-us-department-state-launch-international

08
기업, 위험관리 자율규제

AI 기술의 사회적 영향력이 확대되면서, 기업들은 자율규제를 통해 AI 위험을 관리하기 시작했다. 이러한 노력은 고객의 신뢰를 확보하고 잠재적 규제 리스크를 사전에 대응하기 위해 앞으로도 지속될 것이다. AI 기술의 빠른 발전 속도를 고려할 때 기업과 규제 당국의 협력적 거버넌스는 불가피하며, 이는 글로벌 AI 거버넌스 수립 과정에서 기업의 역할이 앞으로도 중요한 위치를 차지하게 될 것임을 시사한다.

AI와 한의학?

AI와 윤리, 그리고 기업의 선택

AI 기술은 지난 10여 년간 사회 전반에 혁신적인 변화를 가져왔다. 하지만 이러한 발전이 소수 기업에 의해 주도되면서, 기술 발전과 사회적 통제 사이의 근본적인 긴장이 드러나기 시작했다. 2010년대 중반 이후 일부 AI 서비스에서 발생한 일련의 사건들은 이러한 우려를 현실화했다. 채용 AI의 성차별, 챗봇 AI의 혐오 발언, 안면인식 AI의 인종 차별 등은 AI 기술이 기존의 사회적 차별을 재생산하거나 심화할 수 있음을 보여 주었다. 특히 AI가 금융, 의료, 교육 등 사회 핵심 영역으로 확산되면서, 이러한 윤리적 위험에 대한 체계적 관리의 필요성은 더욱 커졌다.

이러한 배경 속에서 국내외 AI 기업은 고객의 신뢰를 유지하고 규제 리스크 관리를 위해 자발적으로 AI 거버넌스 체계를 구축하기 시작했다. 더욱이 AI가 기업 경쟁력의 핵심 요소로 부상하면서, 윤리적이고 안전한 AI 기술 개발과 활용은 단순한 도덕적 책무를 넘어 기업의 지속 가능한 성장을 위한 필수 조건이라는 인식이 확대되어 가고 있다. 이는 기업이 자율규제를 강화하는 핵심 동력이 되고 있으며, AI 기술이 산업 전반으로 확산되어 감에 따라 이러한 흐름은 점차 강화될 것으로 전망된다.

기업 자율규제의 진화, 원칙에서 이행으로

지난 10년간 기업의 AI 거버넌스는 윤리적 선언에서 실질적 이행으로 발전해 왔다. 2018년 마이크로소프트, 구글, IBM 등 주요 기업들이 AI 윤리 원칙을 발표한 것을 시작으로, 2020년대 초반까지 대부분의 글로벌 테크 기업은 자사의 AI 윤리 원칙을 수립했다. 이들 기업의 윤리 원칙은 공정성, 투명성, 책임성, 안전성 등을 공통의 핵심 가치로 채택하고 있는데, 이는 AI 시스템이 제기하는 윤리적 도전과 사회적 영향에 대한 기업 인식을 반영하는 것이라 할 수 있다. 나아가 기업은 이러한 원칙을 실천하기 위해 구체적인 가이드라인과 프레임워크를 개발하고, AI 윤리위원회 설립과 이행 성과 보고서 발간을 추진하며 실질적인 거버넌스 체계를 구축해 나가고 있다.

이러한 자율규제 노력의 배경에는 AI 규제를 둘러싼 특수한 환경이 자리 잡고 있다. AI 기술은 전례 없는 속도로 발전하고 있지만, 그 복잡성과 불확실성으로 인해 정부의 입법적 대응은 더디게 진행되고 있기 때문이다. 이러한 상황에서 기업은 예측하기 어려운 정부의 경성규제(hard law)에 수동적으로 대응하기보다, 자율규제를 통해 능동적으로 AI 위험을 관리하는 접근을 선택했다. 2016년 설립된 '인공지능 파트너십(Partnership on

AI)'과 2023년 설립된 '첨단 모델 포럼(Frontier Model Forum)'은 이러한 맥락에서 주목할 만한데, 이는 기업이 스스로 합의된 윤리 기준과 안전 가이드라인을 수립하고 이행하려는 협력적 시도였기 때문이다. 요컨대 지난 10년은 기업이 자율규제를 통해 AI 기술 발전이 제기하는 새로운 도전과 사회적 요구에 능동적으로 대응해 온 진화의 과정이었다고 평가할 수 있다.

기업 AI 거버넌스의 핵심, 위험관리

AI 기술의 사회적 영향력 확대와 더불어 AI 거버넌스는 기업 자율규제의 핵심 축으로 부상하고 있다. AI 거버넌스는 AI의 책임 있는 개발과 활용을 위한 정책, 조직, 절차를 포괄하는 관리 체계이며, 이는 AI 시스템의 전 생애주기에서 잠재적 위험을 통제하면서도 기술 혜택을 극대화하고자 하는 기업의 포괄적 접근을 반영하는 것이라 할 수 있다.

AI 거버넌스의 핵심은 체계적인 위험관리에 있다. 다수의 기업이 미국 국립표준기술연구소의 AI 위험관리 프레임워크, EU 「AI법」, AI 경영시스템(ISO/IEC 42001) 및 위험관리(ISO/IEC 23894), 윤리적 AI 설계를 위한 표준(IEEE 7000), OECD의 AI 원칙 등을 토대로 위험 식별

부터 완화까지 단계적 접근을 채택하고 있다. 특히 2022년 생성형 AI 등장은 위험관리의 중요성을 더욱 부각시켰다. 할루시네이션, 딥페이크, 허위 정보 생성 등 새로운 위험 요소가 대두되면서, 기업은 레드 팀 운영을 통해 악성 프롬프트 및 모의 공격 등 다각적 방법으로 AI 시스템을 검증하여 잠재적 위험을 사전에 식별하고 예방하는 체계를 구축하고 있다.

AI 시스템과 인간 가치의 정렬을 의미하는 '얼라인먼트(Alignment)'는 AI 거버넌스의 또 다른 핵심 과제로 부상하고 있다. 얼라인먼트는 AI가 인간의 이익에 반하는 목표를 추구하거나, 학습 데이터의 편향으로 인한 가치관 왜곡을 방지하는 것을 넘어서 AI와 인간의 가치를 지속적으로 조율하는 과정을 의미한다. 특히 언어 모델의 경우, 특정 문화권 데이터에 편중된 학습으로 인한 가치관 왜곡이나, 보상 극대화를 위한 기만적 행동 학습이 우려 사항으로 제기되고 있다. 이에 대응하여 기업은 인간의 피드백을 활용한 학습, AI 지원 평가 시스템 구축, 모델의 설명 가능성 연구 등 다면적 접근을 통해 이러한 문제의 해결 방안을 모색하고 있다.

한편, 첨단 AI 시스템의 급속한 발전은 인간 통제 범위를 벗어난 AI의 등장에 대한 우려도 야기하고 있다. 이에 대응하여 일부 선도적 기업들은 AI 모델의 규모와 역량에 따른 단계별 위험관리 체계를 도입하고 있다. 앤트로픽의 '책임 있는 확장 정책(RSP, Responsible Scaling Policy)'은 AI 모델의 위험 수준에 따라 차등화된 안전 기준을 적용하는 대표적 사례라고 할 수 있다. 또한 AI에 대한 대중의 접근성이 확대되면서 사용자의 오용과 악용을 예방하기 위한 정책적 프레임워크도 구축되고 있다.

흥미로운 점은 AI 기업이 기술의 위험성을 인지하면서도 개발을 지속하고 있다는 것이다. 이는 역설적이게도 더 안전한 AI를 만들기 위한 선택으로, 지속적인 연구를 통해서만 AI의 본질적 위험을 정확히 이해하고 기술적 해결책을 찾을 수 있기 때문이다. 더욱이 윤리적 책임감을 가진 기업들이 AI 개발을 중단할 경우, 위험관리에 무관심한 주체들이 기술 개발을 주도할 수 있다는 우려도 있다. 이에 선도적 AI 기업은 자체적인 자율규제 프레임워크를 통해 혁신과 안전성의 균형을 추구하고 있다.

이러한 접근의 실효성 확보를 위해 기업은 체계적인 조직 구조를 구축하고 있다. AI 거버넌스 팀 혹은 AI 윤리 팀의 독립적 운영, 법률 · 윤리 · 기술 전문가로 구성된 다학제적 팀의 협업이 그 핵심이다. 또한 AI 기술이 궁극적으로 인간에 의해 개발된다는 본질적 특성을 고려하여, 구성원들의 AI 윤리 인식 제고를 위한 정기적 교육과 인식 조사를 실시하고 있기도 하다. 현재는 소수 선도 기업을 중심으로 이러한 체계와 활동이 구축·실행되고 있으나, EU 「AI법」 등 각국의 규제 본격화에 따라 더 많은 기업으로 확산될 것으로 전망된다. AI 기술의 잠재적 위험에 대한 사회적 우려가 증대되는 상황에서, 이러한 거버넌스 체계는 기업의 신뢰성 확보와 지속 가능한 성장을 위한 필수 요소이기 때문이다.

기업 자율규제의 한계

기업의 자율규제 노력은 분명 긍정적 평가를 받을 만하지만 몇 가지 도전 과제를 마주하고 있다. AI 기업은 자율규제 노력의 일환으로 AI 시스템에 인간의 윤리적 가치를 접목하기 위한 연구와 개발을 진행하고 있다. 하지만 그 구체적인 학습 기준과 방법, 사용된 데이터 특성 등 세부 사항은 지적 재산권 보호 차원에서 비공개로 관리되고 있다. AI 기술이 사회 전반에 미치는 영향력이 날로 커지는 상황에서, 기업의 정당한 지적 재산권 보호와 AI 윤리 실천의 투명성 확보라는 두 가치의 균형점을 찾는 것은 산업계와 사회가 함께 고민해야 할 중요한 과제로 부상하고 있다.

자율규제의 실효성 확보 또한 중요한 과제다. 기업의 근본적인 목적이 이윤 추구라는 점을 고려할 때, 윤리적 원칙과 경제적 이익이 충돌하는 상황에서 기업의 자발적인 윤리 원칙 준수는 쉽지 않은 선택일 수 있다. 특히 치열한 시장 경쟁과 수익 압박이 존재하는 현실은 이러한 결정을 더욱 어렵게 만드는 요인이 된다. 더욱이 자율규제의 특성상 외부 감독이 제한적이라는 점에서, AI 거버넌스가 환경 분야의 '그린워싱'처럼 단순한 마케팅 수단이 되지 않도록 제도적 보완책을 마련할 필요가 있다.

이처럼 AI 기업의 자율규제가 직면한 과제를 해결하기 위해서는 보다 포괄적인 접근이 필요하다. AI 기업은 기술 혁신이 인류의 진보를 이끌 것이라는 비전 아래 '효과적 이타주의'를 추구하며 자율규제를 실천하고 있지만, 그 실효성을 담보하기 위한 제도적 장치는 아직 미흡한 상황이다. 따라서 자율규제의 실질적 효과를 높이기 위해서는 기업의 자발적 노력을 촉진할 수 있는 인센티브 제공과 함께, 제3자 평가 등을 통해 자율규제의 투명성과 신뢰성을 확보할 수 있는 방안을 고려해 볼 필요가 있다.

기업이 주도하는 자율규제의 미래

기업의 자율규제는 여러 한계와 우려에도 불구하고 더욱 체계화되고 강화될 전망이다. AI가 일상에 스며들면서 이를 활용한 제품과 서비스에 대한 고객 신뢰가 기업 경쟁력의 핵심 요소로 부상하고 있기 때문이다. 또한 시민들의 AI 윤리 의식이 높아지는 상황에서 기업은 신뢰할 수 있는 AI 개발을 위한 자율규제를 더 이상 미룰 수 없게 되었다. 다만 이러한 자율규제는 적절한 제도적 보완이 없는 이상 손실 예방을 위한 최소한의 위험관리 수준에 머무를 가능성이 높다. 기업은 혁신과 이익 창출이라는 근본적 목표와 광범위한 윤리적 책임 사이에서 균형을 이루기 어려운 상황에 놓일 수 있기 때문이다.

한편 글로벌 AI 거버넌스 수립 과정에서 기업의 역할은 앞으로도 중요한 위치를 차지할 것으로 예상된다. 첨단 AI 모델을 개발하는 주체는 민간 기업인 경우가 대부분이며, 이들은 정부나 시민사회가 갖기 어려운 고도의 기술적 전문성을 보유하고 있기 때문이다. 물론 규제 기관의 전문성은 앞으로 지속적으로 축적되겠지만, AI 기술의 발전 속도와 복잡성을 고려할 때 민간 부문의 혁신은 항상 한발 앞서 나갈 가능성이 크다. 따라서 향후 국가 및 국제적 차원의 AI 거버넌스 형성 과정에서는 기업의 전문성을 인정하고 활용하면서도 공익을 보호할 수 있는 균형 잡힌 협력적 거버넌스 모델을 구축하는 것이 핵심 과제가 될 전망이다.

참고문헌

고학수(2022). 『AI는 차별을 인간에게서 배운다』. 21세기북스.

한상기(2024). 『AGI의 시대: 인간을 초월한 인공지능, AGI를 논하다』. 한빛미디어.

Camilleri, M. A.(2023). Artificial intelligence governance: Ethical considerations and implications for social responsibility. *Expert systems*, 41(7), 1-15.

Dignam, A.(2020). Artificial intelligence, tech corporate governance and the public interest regulatory response. *Cambridge journal of regions, economy and society*, 13(1), 37-54.

Hemphill, T. A. & Longstreet, P.(2023). *How private governance mitigates AI risk*. Logan, UT: The Center for Growth and Opportunity at Utah State University.

Joint California Policy Working Group on AI Frontier Models(2025). *Draft report of the joint california policy working group on AI frontier models*. California Alliance for Frontier Artificial Intelligence Governance. https://www.cafrontieraigov.org/wp-content/uploads/2025/03/Draft_Report_of_the_Joint_California_Policy_Working_Group_on_AI_Frontier_Models.pdf

Krishna, V. V.(2023). AI and contemporary challenges: The good, bad and the scary. *Journal of open innovation: Technology, market, and complexity*, 10(1).

Murcia, M. J. & Suddaby, R.(2024). A layered governance approach to regulating Big Tech. *Long range planning*, 57(4).

Ochigame, R.(2022). The invention of 'ethical AI': How Big Tech manipulates academia to avoid regulation. In T. Phan, J. Goldenfein, D. Kuch & M. Mann(Eds.), *Economies of virtue: The circulation of 'ethics' in AI*(pp. 50-58). Amsterdam: Institute of Network Cultures.

Roberts, H., et al.(2024). Global AI governance: Barriers and pathways forward. *International affairs*, 100(3), 1275-1286.

Sawhney, I., et al.(2024). Why corporate integrity is key to shaping the use of AI. World Economic Forum, https://www.weforum.org/stories/2024/10/corporate-integrity-future-ai-regulation/

Schultz, M. D. & Seele, P.(2023). Towards AI ethics' institutionalization: Knowledge bridges from business ethics to advance organizational AI ethics. *AI and ethics*, 3, 99-111.

Simončič, K. & Jerele, T.(2023). Democratizing the governance of AI: From Big Tech monopolies to cooperatives. In A. Završnik & K. Simončič(Eds.), *Artificial intelligence, social harms and human rights*(pp. 239-267). Cham: Palgrave Macmillan.

Van Maanen, G.(2022). AI ethics, ethics washing, and the need to politicize data ethics. *Digital society*, 1, Article 9.

Vanvaria, K. & Liang, S. Y.(2024). 8 Questions to Help Rightsize Responsible AI Governance. Corporate Compliance Insights, https://www.corporatecomplianceinsights.com/8-questions-rightsize-responsible-ai-governance/

Walter, Y.(2024). Managing the race to the moon: Global policy and governance in artificial intelligence regulation–A contemporary overview and an analysis of socioeconomic consequences. *Discover artificial intelligence*, 4, Article 14.

Weare, A.(2023). AI governance as an enterprise business initiative. International Association of Privacy Professionals(IAPP), https://iapp.org/news/a/ai-governance-as-an-enterprise-business-initiative

Zaidan, E. & Ibrahim, I. A.(2024). AI governance in a complex and rapidly changing regulatory landscape: A global perspective. *Humanities and social sciences communications*, 11, Article 1121.

09
시민사회, 인권우선 규제강화

시민사회는 AI 거버넌스 영역에서 인권과 민주주의 수호를 위한 새로운 역할을 모색하고 있다. 특히 데이터와 기술을 독점한 글로벌 빅테크 기업의 영향력 확대에 맞서 구속력 있는 법적 규제 체계 도입을 주장하고 있다. 하지만 시민사회가 제안하는 원칙과 기준은 법적 구속력이 없으며, 전문성과 자원의 한계로 인해 그 영향력은 앞으로도 제한적일 것으로 예상된다.

AI와 화장품?

글로벌 AI 거버넌스의 한 축, 시민사회

시민사회는 전통적으로 인권 보호와 사회 정의 실현, 권력 감시 등의 역할을 수행해 왔다. 특히 20세기 후반에는 시민권, 노동권, 성평등을 중심으로 한 다양한 사회운동을 통해 소외 계층의 권익을 대변하며, 정부와 기업의 책임성을 요구하는 역할로 그 영역을 확장해 왔다. 이처럼 공공의 이익을 수호해 온 시민사회는 AI 기술이 사회 전반에 미치는 영향력이 커지면서 자연스럽게 AI 거버넌스 논의에도 참여하고 있다. 무엇보다 AI가 프라이버시 침해, 차별 조장, 무분별한 감시 등 기본적인 인권을 위협할 수 있다는 점에서, 시민사회의 전통적인 옹호활동이 AI 영역으로까지 확대된 것은 자연스러운 흐름이라고 할 수 있다.

더욱이 AI 기술의 개발과 확산이 전 세계적으로 소수 거대 기업과 강대국을 중심으로 이루어지면서 시민사회의 역할이 주목받고 있다. 기술 패권과 권력의 지나친 집중에 대한 우려가 커지고 있을 뿐만 아니라, AI의 기술적 복잡성과 불투명성으로 인한 잠재적 위험도 증가하고 있기 때문이다. 이에 시민사회는 인류 보편 가치인 인권 보호와 공공성을 기반으로 하는 글로벌 AI 거버넌스 수립을 위해 적극적으로 목소리를 높이고 있다.

시민사회 AI 거버넌스 담론의 진화

시민사회의 글로벌 AI 거버넌스 형성 노력은 2018년 토론토 선언(Toronto Declaration)을 기점으로 본격화되었다. 국제앰네스티와 액세스나우(Access Now)가 공동으로 주도한 이 선언은 정부와 기업에게 기계학습 시스템의 인권 보호를 촉구하며, 특히 평등과 차별 금지 원칙을 강조했다. 같은 해 벨기에에서 열린 퍼블릭 보이스(The Public Voice) 심포지엄에서는 AI 설계, 개발, 활용에 관한 12가지 주요 원칙을 담은 'AI 보편 지침(Universal Guidelines for AI)'이 발표되었다. 이 지침은 사회적 점수화와 같은 특정 AI 활용에 명확한 금지선을 설정하고, AI로 인한 부정적 결과에 대해 책임 소재를 분명히 했다는 점에서 중요한 의미를 갖는다.

이어 2020년 AI디지털정책센터(Center for AI and Digital Policy)는 각국의 AI 관련 정책과 관행이 얼마나 민주적 가치와 조화를 이루는지 측정하는 'AI 사회계약 지수(AI Social Contract Index)'를 개발했다. 이 지표는 OECD AI 원칙과 UNESCO AI 윤리 권고 등 글로벌 규범을 평가 기준으로 삼았으며, 이후 'AI 민주적 가치 지수(Artificial Intelligence and Democratic Values Index)'로 명칭을 변경하여 매년 그 결과를 발표하고 있다.

2023년에는 더욱 의미 있는 진전이 있었다. 30개국 이상에서 참여한 50여 개의 시민사회 및 인권 단체들이 '윤리적 AI 구현을 위한 시민사회 선언문(Civil Society Manifesto for Ethical AI)'을 발표한 것이다. 이 선언문은 전통적인 서구 중심 담론에서 벗어나 아프리카, 남미 등 개발도상국의 관점을 중요하게 다룸으로써, 보다 포용적이고 대표성 있는 AI 거버넌스 논의의 토대를 마련했다는 평가를 받는다.

이처럼 시민사회의 글로벌 AI 거버넌스 수립을 위한 노력은 지난 몇 년간 눈에 띄는 발전을 이루어 왔다. 하지만 시민사회가 중점을 둔 의제의 방향성에는 일부 변화도 있었다. 초기에는 AI로 인한 차별과 편향 방지라는 방어적 의제에 집중했으나, 점차 AI 기술의 민주적 통제와 글로벌 정의 실현이라는 적극적인 의제로 확장되었다. 규제 방식에 대한 접근법도 변화했는데, 초기 윤리적 가이드라인 중심의 자율적 접근에서 법적 구속력을 갖는 규제 체계 구축이라는 강제적 접근으로 전환되었다. 이러한 변화는 AI 기술이 사회에 미치는 영향력이 당초 예상을 훨씬 뛰어넘어 증가하면서, 보다 강력하고 실효성 있는 통제 수단이 필요하다는 시민사회의 인식 변화를 반영하는 것이라고 할 수 있다.

시민사회가 바라는 AI 거버넌스의 방향성

시민사회는 AI 거버넌스와 관련하여 인권 보호와 책임성 강화, 투명성 확보를 지속적으로 요구해 왔다. 2024년 12월 '퓨처 소사이어티(Future Society)'가 발표한 『AI 행동 정상회의를 위한 글로벌 협의』 최종 보고서는 이러한 시민사회의 다양한 목소리를 종합적으로 담아냈다는 점에서 의미가 크다. 특히 이 보고서는 전 세계 1만여 명의 시민과 200여 명의 전문가 의견을 수렴하여 AI 거버넌스의 핵심 의제를 다섯 가지로 정리함으로써, 시민사회의 요구를 대표성 있게 반영했다고 할 수 있다.

핵심 의제는 다음과 같이 구성된다. 첫째, 글로벌 다자간 AI 거버넌스 체계 구축이다. AI 기술은 국경을 넘어 영향을 미치기 때문에 개별 국가 차원의 규제만으로는 충분한 대응이 어렵다. 이에 시민사회는 AI 위험에 대한 국제 과학 협력 체계를 만들고, 특히 개발도상국 이해관계자들의 참여를 보장하는 새로운 거버넌스 메커니즘이 필요하다고 주장한다. 이는 토론토 선언과 시민사회 선언을 통해 지속적으로 제기되어 온 의제로, AI 거버넌스의 민주성과 포용성을 높이려는 노력의 일환이라고 할 수 있다.

둘째, 안전한 AI를 위한 국제 표준 마련이다. 현재의 자율규제 방식으로는 AI 기업의 책임 있는 행동을 담보하기 어렵다는 판단 아래, 시민사회는 구체적인 책임 조치와 명확한 감독 기준이 필요하다고 주장한다. 특히 고위험 AI 시스템에 대해서는 사전 인증 제도와 같은 강제력 있는 규제와 함께 위험 평가 및 완화 조치 의무화를 요구하고 있다.

셋째, 보편적 AI 교육의 확대다. AI가 가져올 노동 시장의 변화에 대비하여, 모든 시민이 연령과 성별, 소득 수준에 관계없이 AI 교육을 받을 수 있어야 한다는 것이다. 이는 단순한 기술 교육을 넘어 AI의 사회적 영향에 대한 비판적 사고력을 기르는 것까지 포함한다.

넷째, 환경적 지속가능성 확보다. 대규모 AI 모델의 학습 과정이 막대한 에너지를 소비하면서 기후 위기를 악화시킬 수 있다는 우려가 커지고 있다. 이에 시민사회는 '그린AI 리더보드' 구축과 효율성 기준 도입 등을 통해 AI 개발의 환경 비용을 최소화하고, 나아가 AI가 기후 변화 대응에 기여할 수 있는 방안을 모색해야 한다고 주장한다.

마지막으로 공익을 위한 AI 설루션 개발이다. 시민사회는 AI가 모든 문제를 해결할 수 있다는 'AI 솔루션주의'를 경계하면서도 의료, 기후 변화 대응, 허위 정보 퇴치와 같은 공공 분야에서 AI 기술이 적극적으로 활용되어야 한다고 주장한다. 이는 AI 기술이 실질적인 사회 문제 해결에 기여해야 한다는 시민사회의 시각을 잘 보여 주는 것이라고 할 수 있다.

한편 시민사회는 글로벌 AI 기업의 영향력 확대를 크게 우려하고 있다. 민주적 절차로 선출되지 않은 기업들이 데이터와 기술을 독점하면서 막강한 경제적 영향력을 넘어 정치적 영향력까지 행사할 수 있는 상황이 되었다고 판단하기 때문이다. 특히 이들 기업은 정부 로비와 언론을 통한 여론 형성, 학계 연구 지원 등 다양한 방식으로 사회 전반에 영향력을 행사할 수 있으며, 여기에 더해 일부 글로벌 AI 기업들이 '감시 자본주의'라 불리는 개인정보의 무분별한 수집과 활용을 심화하면서, 이러한 우려는 더욱 커지고 있다. 이에 시민사회는 자율규제만으로는 AI 기술이 초래할 수 있는 잠재적 위험을 통제하기 어렵다고 보고, 독립적인 제3자 감사 및 내부 고발자 보호 의무화 등 구속력 있는 법적 규제 체계의 구축이 필요하다고 주장하고 있다.

시민사회가 직면한 현실적 한계

글로벌 AI 거버넌스 수립과 관련해 시민사회가 제기하

는 의제는 나름의 타당성을 갖고 있지만, 현실적 한계로 인해 그 영향력은 여전히 제한적이다. 가장 두드러진 문제는 실행력 부족이다. 시민사회가 제안하는 규범과 가이드라인에는 법적 구속력이 없기 때문에, 정부나 기업의 자발적 준수에 의존해야 한다. 또한 AI 기술에 대한 전문성 부족과 제한된 자원도 큰 문제다. AI 기술은 빠르게 발전하므로 이를 효과적으로 모니터링하고 평가하기 위해서는 상당한 수준의 기술적 전문성과 자원이 필요하지만, 대부분의 시민사회 단체들은 이러한 역량과 자원을 충분히 갖추지 못하고 있다.

대표성과 정당성 문제도 시민사회가 직면한 중요한 한계다. AI 거버넌스 논의에서 시민사회는 다양한 이해관계자의 목소리를 대변하고자 하지만, 실제로는 일부 영향력 있는 단체들의 관점이 과도하게 반영되는 현상이 나타난다. 이러한 불균형은 특히 글로벌 차원에서 더욱 두드러진다. 자원과 영향력이 상대적으로 풍부한 글로벌 북반구의 시민사회가 의제를 주도하면서, 글로벌 남반구의 고유한 상황과 요구 사항은 상대적으로 덜 반영되는 경향이 있기 때문이다. 이로 인해 AI 거버넌스가 특정 지역이나 계층의 이해관계에 치우쳐 형성될 수 있다는 우려도 제기된다.

또한 시민사회는 감시자와 협력 파트너라는 이중적 역할의 수행 과정에서 딜레마를 겪고 있기도 하다. AI 기술의 위험성을 지적하고 강력한 규제를 요구해야 하지만, 동시에 실질적인 변화를 이끌어 내기 위해서는 정부 및 기업과 협력해야 하는 상황이기 때문이다. 여기에 시민사회 내부의 다양한 입장 차이로 인해 통일된 전략을 수립하기도 쉽지 않다. 이러한 역할 갈등과 내부 합의의 어려움은 AI 거버넌스 과정에서 시민사회의 영향력을 제한하는 또 다른 걸림돌이 되고 있다.

시민사회의 새로운 도전

글로벌 AI 거버넌스 수립 과정에서 시민사회는 앞으로 제한된 역량과 자원을 효과적으로 활용하기 위한 전략적 접근에 집중할 것으로 전망된다. 예컨대 정부와 기업이 스스로 공표한 AI 윤리 원칙과 각종 선언, 권고, 협약 등의 이행 현황을 체계적으로 평가할 수 있는 지표를 개발하고 그 결과를 정기적으로 공개하도록 요구할 수 있을 것이다. 또한 UN과 국제기구, 학계 전문가들과의 연대를 강화함으로써 자신들의 전문성과 자원을 보완하고, 이를 통해 감시와 견제의 실효성을 높여 나갈 것으로 예상된다.

한편, 시민사회는 AI 거버넌스에 대한 대중의 이해와 참여를 확대하기 위한 노력도 병행할 것으로 보인다. 예를 들어, 미디어 캠페인과 소셜 미디어 등 다양한 채널을 활용하여 시민들이 AI 기술이 자신의 삶에 미치는 영향을 이해하고, 자신의 권리를 인식하고 적극적으로 주장할 수 있도록 독려하는 활동이 가능할 것이다. 더불어 다양한 교육 활동을 통해 비판적 AI 리터러시를 갖춘 시민을 육성함으로써 AI 윤리 확산과 실천을 위한 현실적인 추진 동력을 확보할 수 있을 것이다.

참고문헌

Access Now et al.(2024). Civil Society Statement on the UN General Assembly's AI Resolution: A Step in the Right Direction, but More is Needed. Global Partners Digital, https://www.gp-digital.org/civil-society-statement-on-the-un-general-assemblys-ai-resolution-a-step-in-the-right-direction-but-more-is-needed/

Amnesty International(2018). The Toronto Declaration: Protecting the right to equality and non-discrimination in machine learning systems. Amnesty International, https://www.amnesty.org/en/documents/pol30/8447/2018/en/

Canales, M. P., et al.(2023). What would a human rights-based approach to AI governance look like? Global Partners

Digital,
https://www.gp-digital.org/what-would-a-human-rights-based-approach-to-ai-governance-look-like/

Center for AI and Digital Policy(2024). *Artificial intelligence and democratic values 2023.* Washington, DC: Center for AI and Digital Policy.

Cheng, J. & Zeng, J.(2022). Shaping AI's future? China in global AI governance. *Journal of contemporary china*, 32(143), 794-810.

Forus International(2023). Civil Society Manifesto for Ethical AI. Forus International,
https://www.forus-international.org/en/pdf-detail/106205-civil-society-manifesto-for-ethical-ai

Kiplangat Korir(2024). Role of Civil Society in AI Governance.
https://www.linkedin.com/pulse/role-civil-society-ai-governance-kiplangat-korir-usgsf/

Roberts, H., et al.(2024). Global AI governance: Barriers and pathways forward. *International affairs*, 100(3), 1275-1286.

Sciences Po Paris School of International Affairs, et al.(2024). *Global report of the consultations among citizens and civil society actors ahead of the AI sction summit.* Paris, France.
https://thefuturesociety.org/wp-content/uploads/2024/12/AI-Action-Summit-Consultation-Report.pptx-1.pdf

Srivastava, L.(2023). Building Community for AI Governance. Stanford Social Innovation Review,
https://ssir.org/articles/entry/ai-building-community-governance

Susskind, D.(2021). *A world without work: Technology, automation, and how we should respond.* Picador USA.

김정아 옮김(2020). 『노동의 시대는 끝났다』. 와이즈베리.
The Public Voice(2018). *Universal guidelines for artificial intelligence*. Brussels, Belgium: The Public Voice.
Wei, K., et al.(2024). How do AI companies "fine-tune" policy? Examining regulatory capture in AI governance. Proceedings of the AAAI/ACM Conference on AI, Ethics, and Society, 7(1), 1539-1555.
Zaidan, E. & Ibrahim, I. A.(2024). AI governance in a complex and rapidly changing regulatory landscape: A global perspective. *Humanities and social sciences communications*, 11, Article 1121.

10
글로벌 AI 거버넌스의 미래와 한국

글로벌 AI 거버넌스는 각국의 상이한 규제 철학과 지정학적 이해관계로 인해 당분간 분절화될 가능성이 크다. 그러나 AI 안전 및 보안성 확보와 디지털 격차 해소를 위한 포용성 논의는 더욱 심화될 것이다. 한국은 단기적으로 AI 표준화 및 상호 인증 논의에 적극 참여하는 한편, 중장기적으로는 AI를 경쟁의 도구가 아닌 인류 공동의 난제 해결을 위한 협력의 매개체로 활용하는 의제를 선도함으로써 의미 있는 영향력을 확보할 수 있을 것이다.

종교와 AI?

글로벌 AI 거버넌스 앞에 놓인 난제

AI의 잠재적 위험을 예방·관리하고, AI의 혜택을 인류 전체가 고르게 누리도록 하기 위해서는 국제협력이 필수다. 그러나 각국은 AI를 자국의 경제와 안보 경쟁력을 좌우할 전략 자산으로 인식하면서, 글로벌 공조보다는 독자적인 기술 개발과 거버넌스 체계 수립에 몰두하고 있다. 그 결과 국경을 초월하는 AI 기술의 영향력에도 불구하고, 국제 사회는 여전히 분절된 거버넌스 환경에 머물러 있는 실정이다.

글로벌 AI 거버넌스 수립을 더욱 복잡하게 만드는 근본적인 원인은 AI 거버넌스에 대한 주요국의 상이한 접근 방식에 있다. 미국은 기업 주도의 혁신을 극대화하기 위해 자율규제 모델을 지향하는 반면, EU는 인권과 윤리적 가치를 중심으로 한 포괄적 규제 프레임워크를 구축하고 있다. 중국은 이와 달리 국가 안보와 사회 안정을 최우선시하는 핀셋형 규제 체계를 발전시키고 있다.

이러한 접근 방식들은 각각 고유의 장단점을 지니고 있다. 민간 중심의 자율규제는 기술 발전의 역동성을 지속시켜 줄 수 있으나 기업의 이윤 추구가 공익을 해칠 우려가 있고, 포괄규제는 일관된 기준을 제시할 수 있으나 혁신을 저해할 수 있으며, 국가 주도의 핀셋규제는 특정 영역을 효과적으로 관리할 수 있으나 개인의 인권과 자유를 침해할 잠재적 위험이 있다. 문제는 이러한 차이가 단순히 정책적 우선순위뿐만 아니라 각 사회가 수세기에 걸쳐 형성해 온 역사·문화적 가치 체계를 반영하고 있다는 점이다. 따라서 이들 간의 타협점을 찾기 위해서는 단순한 기술적 논의를 넘어 보다 깊은 문화·철학적 대화가 요구되는 상황이다.

AI 기술의 급속한 발전은 거버넌스를 둘러싼 이해관계자 간의 대립도 심화시키고 있다. 글로벌 AI 기업들은 규제가 혁신을 저해할 수 있다며 자율규제를 주장하는 반면, 시민사회는 알고리즘 차별, 프라이버시 침해, 의사결정의 불투명성 등을 근거로 강력한 법적 규제를 요구한다. 이처럼 상반된 두 입장 사이에서 각국 정부는 혁신촉진과 위험관리라는 이중 과제에 직면해 있으며, 국제기구들은 이러한 다양한 관점을 수렴하고 조정하기 위해 다각적 노력을 기울이고 있다. 그러나 민주적 절차를 거쳐 제정되는 개별 국가의 법률은 기술 발전 속도를 따라가지 못하며, 국제기구의 결의안이나 가이드라인이 회원국과 기업에게 실질적 구속력을 발휘하지 못하는 현실은 글로벌 AI 거버넌스 구축을 더욱 난해한 과제로 만들고 있다.

이와 같이 글로벌 AI 거버넌스 수립 과정에서 드러나는 다층적 쟁점과 모순은 단순한 정책적 조율로는 해결하기 어려운 복잡한 과제다. 국가별 규제 철학의 차이, 이해관계자 간의 갈등, 기술 발전과 규제의 시차성 등이 서로 얽혀 만들어 내는 복잡한 현실은, 왜 국제 사회가 통일된 글로벌 AI 거버넌스 체계를 쉽게 만들어 내지 못하고 있는지 알 수 있게 해 준다.

글로벌 AI 거버넌스의 미래

국제 사회의 AI 거버넌스는 단기적으로는 각 국가 및 블록의 이해관계와 가치 체계에 따라 분화될 것으로 예상된다. 주요국들이 AI 기술과 규범의 글로벌 주도권을 확보하기 위해 자국의 기술력과 산업 생태계를 보호하면서 치열한 경쟁을 벌이고 있기 때문이다.

특히 미국은 경제 · 군사 안보 관점에서 중국의 기술 추격을 견제하고 있고, 중국은 자국의 AI 기술 및 거버넌스를 개발도상국에 전파하며 미국에 대항하는 국제적 연대를 모색하고 있다. 또한 EU는 미국과 중국에 대한 기술 종속을 우려하며 독자적인 규제 체계 구축과 함께 자체적인 AI 기술 개발에도 박차를 가하고 있다.

그러나 이러한 지정학적 긴장에도 불구하고, 글로벌

AI 생태계의 발전을 위한 최소한의 공통 기준 마련은 불가피해 보인다. 의료, 교통, 국방, 사법, 금융, 교육 등 잠재적 위험이 큰 분야에서도 AI를 활용한 제품과 서비스가 국경을 넘어 거래되기 시작하면서, 각국은 자국 기업의 해외 시장 진출을 위해서라도 AI 안전 및 보안 등에 대한 상호 인증이 필요하기 때문이다. 따라서 각 국가 및 블록 간에는 AI 시스템의 안전 및 보안 테스트와 평가, 책임성 확보 방안에 대한 상호 인증 논의가 이루어질 것으로 예상된다.

AI 기술 격차로 인한 디지털 불평등 해소도 중요한 과제로 대두될 가능성이 크다. 최고 성능의 AI 기술을 보유한 국가와 기업, 그리고 그렇지 못한 그룹 간의 격차는 더욱 확대될 가능성이 크며, 이는 기존의 사회 경제적 양극화를 심화할 수 있기 때문이다. 특히 개발도상국은 AI 개발에 필요한 데이터, 컴퓨팅 자원, 전문 인력 등이 부족하여 AI 혁신 경쟁에서 뒤처질 우려가 크다. 이러한 상황은 글로벌 AI 거버넌스 수립 과정에서 포용성에 대한 논의를 더욱 활발하게 만들 것으로 보이며, 개발도상국의 역량 강화와 참여 보장이 주요 의제로 부상할 것으로 예상된다.

요컨대 통일된 글로벌 AI 거버넌스 체계 수립은 당분

간 쉽지 않을 전망이나, 안전성과 보안성 그리고 포용성이라는 핵심 과제를 중심으로 최소한의 공통 기준과 실천 약속을 마련하기 위한 노력은 계속될 것이다. 글로벌 AI 패권을 둘러싼 주요국 간 경쟁 심화에도 불구하고, AI가 초래할 수 있는 잠재적 위험과 AI 혜택의 격차 문제에 대한 공동 대응의 필요성은 무시할 수 없기 때문이다.

한국의 선택, 단기·중기·장기 전략

글로벌 AI 거버넌스는 각국의 첨예한 이해관계가 얽힌 새로운 경쟁의 장이 되고 있다. 각국의 정치, 경제, 사회적 특수성을 반영한 이러한 분화 양상은 당분간 지속될 것으로 보이나, 장기적으로는 하나의 보편적 거버넌스로 수렴해 나갈 것이다. 이러한 전환기에 한국은 AI 기술 발전 방향과 글로벌 거버넌스의 쟁점, 그리고 주요 이해관계자들의 정책 동향에 대한 종합적이고 심층적인 분석과 함께, 우리의 기술력과 외교적 영향력에 대한 객관적 평가를 바탕으로 체계적인 AI 외교 전략을 수립해야 한다.

이 과정에서 유념해야 할 점은 AI가 신기술이듯 AI 거버넌스 역시 그 누구도 가보지 않은 길이라는 점이다. 우리보다 먼저 거버넌스 체계를 구축한 국가들의 접근법이 반드시 성공적이라 할 수 없으며, 신중하게 거버넌스 수립을 미루고 있는 국가들의 선택 역시 나름의 전략적 타당성을 가질 수 있다. 중요한 것은 각자의 기술 수준과 산업 생태계, 사회 문화적 특성을 반영한 거버넌스를 수립하는 것이다.

이러한 관점에서 한국은 우선 자체적인 첨단 AI 기술력을 확보할 필요가 있다. 첨단 AI 모델의 안전성 및 보안성 평가나 위험 모니터링, 긴급 대응 체계와 같은 핵심 거버넌스 이슈들은 모델의 구조와 작동 방식, 기술적 한계에 대한 깊은 이해 없이는 효과적인 논의가 어렵다. 바꾸어 말하자면, 첨단 AI 모델을 직접 개발하고 관리한 경험 없이는 글로벌 AI 거버넌스 논의 과정에서 기술적 타당성과 실현 가능성을 정확히 평가하거나 주장하기 어려울 수 있다는 것이다. 물론 첨단 AI 모델을 직접 보유하지 않더라도 선제적인 규제 정책 등을 통해 국제 사회에서 존재감을 키울 수는 있다. 하지만 글로벌 AI 거버넌스 논의를 선도하기 위해서는 기술 역량과 정책 리더십이 선순환을 이루어야만 한다. 따라서 한국이 글로벌 AI 거버넌스에서 '규범 형성자'로 확고히 자리매김하기 위해서는 자체적인 첨단 AI 모델 개발에 대한 전략적 지원이 필수다. 역설적이게도 AI를 규제하는 국제적 규칙을 주도적으로 만들기 위해서는 규제 대상의 핵심인 첨단 AI 모델을 우리가 직접 개발하고 운영하는 경험을 확보해야만 한다.

또한 한국은 국제적인 AI 표준화 및 국가 · 블록 간 상호 인증 논의에 적극 참여해야 한다. 구체적으로는 ISO, 국제전기기술위원회(IEC), 전기전자공학자협회(IEEE) 등 글로벌 AI 표준화 기구와 협력을 강화하고, 국제 AI 안전연구소 네트워크와 공조를 통해 AI 안전 및 보안 평가 체계 구축에 기여할 필요가 있다. 나아가 단순히 논의에 참여하는 수준을 넘어, 한국의 기술적 강점과 환경을 반영한 AI 표준과 안전 및 보안 기준이 국제 표준으로 채택될 수 있도록 노력해야 한다.

이러한 노력이 더욱 시급해진 배경에는 최근 미국 트럼프 행정부의 통상정책 변화가 있다. 2025년 4월 발표된 미국의 상호관세 조치는 궁극적으로 개별 국가와의 양자 무역협상을 유도하기 위한 전략적 압박으로, 이 과정에서 AI를 포함한 디지털 무역 이슈가 핵심 의제 중 하나로 부상할 것으로 예상된다. 기존에 체결된 한미 자유무역협정(FTA)에는 이미 디지털 제품, 온라인 소비자 보호, 국경 간 정보 흐름 등에 관한 조항을 포함하고 있으며, 최근 글로벌 무역 질서에서 디지털 경제와 관련된 규범이 점차 확대되는 추세를 고려할 때 이는 자연스러운 전개라고 할 수 있다. 이러한 상황에서 한국은 국내 AI 생태계의 발전 단계를 고려한 협상 전략을 수립해야 한다. 특히 국내 AI 기업들이 충분한 경쟁력을 갖추기 전에 미국 빅테크 기업들의 시장 장악력이 심화되는 것을 방지하면서도, 기술 협력과 투자 유치라는 긍정적 측면을 활용할 수 있는 균형 잡힌 접근이 필요하다.

한편, 한국은 UNESCO, OECD, ITU, G7, G20, 아시아태평양경제협력체(APEC) 등 다양한 국제기구에서 병렬적으로 진행되고 있는 AI 거버넌스 논의 간 조율 역할을 수행함으로써 국제 사회에서의 리더십을 확보할 수 있을 것이다. 현재 이들 국제기구는 각자의 전문 영역에서 AI 거버넌스 체계 구축에 기여하고 있으나, 기구 간 유기적 협력과 통합적 접근이 부족해 제한된 자원의 효율적 활용과 일관된 거버넌스 프레임워크 개발에 어려움을 겪고 있다. 이와 같은 환경에서 한국이 주요 국제기구의 AI 거버넌스 대표들이 참석하는 글로벌 AI 거버넌스 관련 연례 국제 행사를 개최한다면, 'AI 규범 형성의 중재자'로서 한국의 국제적 위상을 높이는 동시에, 효과적이고 일관된 글로벌 AI 거버넌스 체계 구축에도 실질적으로 기여할 수 있을 것이다.

중기적으로는 글로벌 정치 지형 변화가 가져올 불확실성에 대비해야 한다. 트럼프 재집권 이후 미국은 동맹국 및 국제기구와의 협력보다는 자국 이익 우선주의에 기반한 독자적 AI 거버넌스를 추진하고 있다. 이는 글로벌 AI 거버넌스 수립 과정에서 힘의 공백을 야기할 수 있으며, 중국이 이 공백을 채우려 할 가능성에 주목해야 한다. 특히 중국은 경제, 안보, 환경 등 서방이 주도해 온 기존 국제 질서는 바꾸기 어렵다는 점을 인식하고, 대신 AI와 같은 신기술 분야에서 자국 주도의 새로운 글로벌 거버넌스 체계를 구축하려는 움직임을 보이고 있다. 이러한 상황에서 한국은 미국, 중국, EU 등 주요국의 AI 거버넌스 변화와 이들 간의 상호작용을 면밀히 주시하며 전략적 대응 방안을 모색해야 한다. 특히 트럼프 행정부가 임기 초반 2년 동안 가시적 성과를 위해 속도전을 펼칠 것으로 예상되는 만큼, 이 시기 미국의 정책 변화와 이에 대한 주요국들의 대응을 예의 주시하며 우리의 국익을 보장하고 기업의 피해를 최소화할 수 있는 유연한 접근 전략을 마련해야 한다.

장기적 관점에서 현재의 분절화된 글로벌 AI 거버넌스는 점진적으로 하나의 통합된 프레임워크로 수렴해 갈 것이다. 그러나 주요국의 상충하는 이해관계로 인해 글로벌 AI 거버넌스는 상당 기간 완전한 분절화도, 완전한 통합도 아닌 협력과 경쟁이 혼재하는 복합적 거버넌스의 상태를 거칠 가능성이 높다.

그럼에도 불구하고 기후 변화와 핵 확산 금지와 같은 글로벌 이슈들이 UN 차원의 국제적 공조 체제로 수렴된 역사적 선례를 돌아볼 때, 글로벌 AI 거버넌스 역시 궁극적으로는 UN을 중심으로 수렴될 가능성이 높다. 이러한 맥락에서 한국은 UN 시스템 내 영향력 확대를 위한 전략적 접근이 필요하며, 특히 2030년 종료 예정인 UN SDGs의 후속 의제 설정에 주목해야 한다.

현재 SDGs에는 AI가 언급되어 있지 않지만, 기후 위기 대응, 불평등 해소, 지속 가능한 경제 성장 등 주요 글로벌 과제 해결에 AI가 핵심 역할을 할 것이라는 인식이 확산되면서, 포스트 SDGs(Post-SDGs)에서는 AI가 중심 의제로 부상할 것이 분명하다. 이 새로운 글로벌 발전 프레임워크는 2030년부터 최소 10년간 국제 사회의 공동 목표를 규정하게 될 것이기 때문에, 한국이 이 논의를 선제적으로 주도한다면 장기적인 글로벌 AI 의제 형성에 의미 있는 영향력을 행사할 수 있을 것이다.

물론 UN의 합의 기반 의사 결정 구조와 미국 트럼프 대통령의 임기가 2029년 1월 종료되는 정치적 현실 등을 고려할 때, Post-SDGs 논의 과정이 결코 순탄하지는 않을 것이다. 하지만 AI의 급속한 발전이 가져오는 윤리적 · 안보적 도전과 또 다른 글로벌 팬데믹 발생 가능성, 임계점에 근접한 기후 위기 등 단일 국가가 풀어낼 수 없는 글로벌 이슈가 더욱 복잡, 심화될 것으로 예상됨에 따라 포괄적 AI 거버넌스 프레임워크 구축을 비롯한 국제사회의 공동 대응 체계 구축의 필요성은 더욱 증대될 것이다.

이러한 국제적 공조의 필요성이 증가함에도 불구하고, 미국 우선주의를 표방하는 트럼프 행정부는 Post-SDGs 논의 과정(2027~2030년)에서 제한적 역할만 수행할 가능성이 높다. 그러나 2030년 9월로 예상되는 Post-SDGs 채택 시점에는 미국의 새로운 행정부가 다자주의로 복귀할 가능성도 열려 있는 만큼, 이를 염두에 둔 세심한 전략적 접근이 요구된다. 특히 중국과 EU 등이 Post-SDGs 논의 과정에서 미국의 공백을 활용하여 자국 중심의 의제를 설정하려고 할 가능성이 높은 만큼, 한국은 지금부터 국제 사회의 지지와 우리의 주도권을 확보할 수 있는 AI 의제를 어떻게 형성할 것인지에 대해 체계적으로 준비해야 한다.

Post-SDGs는 단순히 글로벌 리더십 강화를 넘어 실질적인 국익 측면에서도 보탬이 될 수 있다. Post-SDGs 체제에서는 AI 관련 국제협력 프로젝트와 개발도상국 지원 이니셔티브가 대폭 확대될 것으로 예상되기 때문이다. 따라서 한국이 개발 경험 공유와 기술 협력을 통해 개발도상국들의 지지를 확보하고 관련 논의를 주도한다면, 국내 AI 기업들이 UN 및 국제기구가 주도하는 프로젝트에 참여할 기회를 창출하고 신흥 시장에 진출하는 교두보를 마련함으로써, 국가 위상 제고와 경제적 이익 확보라는 두 가지 목표를 동시에 달성할 수 있을 것이다.

이러한 단기·중기·장기 전략의 효과적인 이행을 위해서는 무엇보다 국내 AI 거버넌스를 총괄할 수 있는 실질적인 컨트롤 타워 구축이 필수다. 2024년 9월 국가 AI 위원회의 출범은 이러한 맥락에서 중요한 진전이라 평가할 수 있다. 하지만 국가AI위원회가 실질적인 구심점으로 기능하기 위해서는 과학기술정보통신부의 기술 전문성과 외교부의 국제 협상 역량 등을 유기적으로 결합시킬 수 있어야 한다. 나아가 글로벌 AI 거버넌스 논의가 이루어지는 다양한 영역에서 한국의 영향력을 전방위적으로 확대할 수 있도록 기업, 학계, 시민사회와 신속하게 관련 정보를 공유하고, 국제 포럼과 협의체에 이들이 한국 대표로 참여하여 국익 증진에 기여할 수 있는 기회를 부여해야 한다.

AI 패권 경쟁 시대, 한국의 도전과 기회

AI 거버넌스에는 아직 정해진 모범 답안이 없다. 미국, EU, 중국 등 주요국들은 각자의 방식으로 시행착오를 거듭하고 있으며, 어느 나라도 완벽한 해법을 찾지 못한 상태다. 한 나라의 거버넌스 실험이 다른 나라의 이정표가 되고, 한 기업의 윤리적 선택이 글로벌 스탠더드로 발전하는 역동적인 시대에, 우리는 답을 찾는 모방자가 아니라 답을 만들어 가는 개척자가 되어야 한다.

그러나 우리의 제한된 자원과 역량을 고려할 때, 글로벌 AI 패권 경쟁에서 독자적인 축으로 자리매김하려는 시도는 현실적이지 않을 뿐 아니라 바람직하지도 않다. 하지만 이것이 우리의 영향력 확대 가능성을 제한하는 것은 아니다. 오히려 한국은 AI를 패권 경쟁의 도구가 아닌, 인류 공동의 난제를 해결하는 협력의 매개체로 재정의함으로써, 기술 패권의 무한 경쟁 틈새에서 차별화된 입지와 영향력을 구축할 수 있을 것이다.

글로벌 AI 거버넌스의 미래는 불확실하지만, 한 가지 확실한 것은 그 여정에서 한국의 역할은 우리의 선택에 달려 있다는 점이다. 국제 사회가 기술 패권을 향한 경쟁과 인류 공영을 위한 협력 사이에서 나아갈 방향을 고민할 때, 한국은 그 교차점에서 새로운 길을 제시하는 나침반이 될 수 있다. 기술 발전과 인간의 가치가 함께 어우러지는 AI 시대의 새로운 길을 한국이 열어 갈 때, 그것이 바로 우리가 다음 세대에게 남겨 줄 가장 소중한 선물이 될 것이다.

참고문헌

김상배(2024). AI 규범 경쟁, 한국 리더십 키워야 한다. ≪문화일보≫, https://munhwa.com/news/view.html?no=2024051401033011000002

김소미·안병욱(2023). 『인공지능 국제협력 현황 및 특징 분석』.(IT & Future Strategy 10호). 한국지능정보사회진흥원.

박세일(2010). 『창조적 세계화론: 대한민국 세계화 전략』. 서울대학교출판문화원.

Anthony, A., et al.(2024). From the margins to the center: Africa's role in shaping AI governance. World Bank Blogs, https://blogs.worldbank.org/en/governance/from-the-margins-to-the-center--africa-s-role-in-shaping-ai-gove

Bengio, Y.(2024). Government interventions to avert future catastrophic AI risks. *Harvard data science review*, Special Issue 5.

Camilleri, M. A.(2023). Artificial intelligence governance: Ethical considerations and implications for social responsibility. *Expert systems*, 41(7), 1-15.

Chavali, D., et al.(2024). Regulating artificial intelligence:

Developments and challenges. *International journal of pharmaceutical sciences*, 2(3), 1250-1261.

Cheng, J. & Zeng, J.(2022). Shaping AI's future? China in global AI governance. *Journal of contemporary china*, 32(143), 794-810.

Dignam, A.(2020). Artificial intelligence, tech corporate governance and the public interest regulatory response. *Cambridge journal of regions, economy and society*, 13(1), 37-54.

Krishna, V. V.(2023). AI and contemporary challenges: The good, bad and the scary. *Journal of open innovation: Technology, market, and complexity*, 10(1).

Kulkov, I., et al.(2024). Artificial intelligence-driven sustainable development: Examining organizational, technical, and processing approaches to achieving global goals. *Sustainable development*, 32(3), 2253-2267.

Leslie, D. & Perini, A. M.(2024). Future shock: Generative AI and the international AI policy and governance crisis. *Harvard data science review*, Special Issue 5.

Roberts, H., et al.(2024). Global AI governance: Barriers and pathways forward. *International affairs*, 100(3), 1275-1286.

White & Case(2024). AI Watch: Global Regulatory Tracker. White & Case, https://www.whitecase.com/insight-our-thinking/ai-watch-global-regulatory-tracker

Zaidan, E. & Ibrahim, I. A.(2024). AI governance in a complex and rapidly changing regulatory landscape: A global perspective. *Humanities and social sciences communications*, 11, Article 1121.

김명신

LG AI연구원 정책수석이며, IEEE CertifAIEd™ (AI 윤리 인증 프로그램) 선임 평가자로 활동하고 있다. UNESCO한국위원회 선임전문관으로 근무했으며, ‘UNESCO AI 윤리 권고’ 개발 전 과정에 대한민국 대표단으로 참여했다. 성균관대학교 미디어문화융합대학원 겸임교수, AI안전연구소 설립준비위원회 위원, 통일부 및 서울특별시교육청 정책자문위원 등을 역임했다. UNESCO, UN 인권최고대표사무소, UNDP 등의 AI 정책 자문을 하고 있다. 주요 논저로는 『우리의 지속가능한 평화』(2019), 『마음 속 분단 어떻게 극복할 것인가』(2021), 『Changes in North Korea’s heritage law and policy』(2023) 등이 있다.